Reč tela

Čítajte gestá, hovorte svojimi pohybmi

Z anglického originálu Body Language at Work,vydaného nakladateľstvom
Hamlyn, Londýn, preložila ing. Jana Jindrová a Branislav Kočan
Zodpovedná redaktorka: Viera Havránková

Prvé slovenské vydanie.
Vydalo OTTOVO NAKLADATELSTVÍ, s. r. o., Lublaňská 4/61, 120 00 Praha 2,
tel. 222 510 375 v roku 2004 ako svoju 1102. publikáciu.

ottovo@ottovo.cz

First published 2003 under title
Body Language at Work by Hamlyn Octopus,
an imprint of Octopus Publishing Group Ltd
2-4 Heron Quays, London E14 4JP

ISBN 80-7181-118-1
(OTTOVO NAKLADATELSTVÍ – CESTY. Praha)

Reč tela

Čítajte gestá, hovorte svojimi pohybmi

Peter Clayton

Obsah

O autorovi

Peter Clayton, známy inštruktor pre rozvoj obchodu, má dlhodobé úspešné skúsenosti v oblasti predaja a manažmentu. Je hlavným riaditeľom podniku Riešenie obchodných záležitostí a školení, ktorý založil v roku 1994, poskytuje špecializované inštruktáže a konzultácie niekoľkým najväčším organizáciám vo Veľkej Británii. Pravidelne usporadúva kurzy a semináre o skúsenostiach v oblasti predaja, riadenia, rokovania a prezentácie vo Veľkej Británii, USA a v Európe, ale jeho koníčkom je reč tela a modely správania.

O reč tela sa začal zaujímať v roku 1982 a odvtedy sa zaoberá výskumom, štúdiom, zavádzaním poznatkov do praxe a vyučovaním tohto predmetu. V posledných piatich rokoch jeho semináre a kurzy potvrdili skutočnosť, že reč tela v obchodnom styku je osvedčeným pracovným nástrojom.

Schopnosť správne si vysvetliť sotva badateľné a skrývané gestá pri rokovaniach, predaji, pohovoroch alebo riadení môže byť rozhodujúcim faktorom úspechu či neúspechu.

Autor je rečník, ktorý motivuje, jeho odborné rady a techniky sa uplatňujú na všetkých úsekoch priemyslu a obchodu, počínajúc nováčikmi a končiac vrcholovým manažmentom. Sústavne pracuje v oblasti prijímania zamestnancov a školí poradcov pre zamestnávateľov, aby používali reč tela a skúsenosti s profilovaním ako najnovšie spôsoby pri vedení pohovorov.

Pravidelne prispieva do obchodných časopisov a informačných bulletinov určených školiteľom a ak práve neprednáša alebo nevedie semináre, venuje sa výskumu a píše prednášky o rozvoji obchodu.

Čo je reč tela? Položil som túto otázku nespočetnému množstvu ľudí. V odpovediach vždy zazneli slová „neverbálna komunikácia“ – čo by v skutočnosti malo byť celkom v poriadku. Lenže pravú podstatu reči tela to vôbec neobjasňuje. Ako plynuli roky, pokúsil som sa zhrnúť túto problematiku do niekoľkých jednoduchých viet.

Rozoberme si to.

Rýchlosť slov pri normálnom rozhovore je približne 100 – 120 slov za minútu. V rovnakom časovom úseku je priemerný človek schopný „nechať si prebehnúť mysľou“ asi 800 slov. Reč tela predstavuje výstup pre toto obrovské množstvo nevyslovených myšlienok a pocitov.

Odložte túto knihu a dvadsaťštyri hodín sa pozorujte. Sledujte, čo sa deje s vaším telom a hlasom, keď pociťujete šťastie, sklamanie, zlosť, zmätok atď. Všimnite si, ako vaše ruky i celé paže, hlava aj tvár podliehajú vzrušeniu a napätiu, ak začujete niečo, z čoho máte radosť. Na druhej strane si uvedomte, ako vám telo ochabuje, keď sa nudíte.

Čo je reč tela?

Prečo sa o ňu máme zaujímať?

Všeobecne uznávame myšlienku, že na začiatku 21. storočia sa úspech vo svete práce dosahuje najmä spolu s inými ľuďmi alebo ich prostredníctvom. Časy autokratického manažérstva sú už dávno za nami a dnešný priemerný človek má oveľa viac sebadôvery a nezávislosti než v minulosti. Ak sa zamestnancom znepáči spôsob zaobchádzania, odídu inde. Vedúci, ktorý má nesprávnu reč tela, bude mať oveľa viac fluktuantov.

Ak sa už nejaký čas zaoberáte touto problematikou, zaiste ste si uvedomili, že dobré motivačné a medziľudské skúsenosti – „skúsenosti s ľuďmi", ako sa tomu neformálne hovorí – sa považujú za rovnako dôležité, ako pred 30 rokmi kvalifikačné predpoklady napísané na papieri. Takéto skúsenosti nemôže získať nikto, kto neporozumie reči tela.

Potrebné skúsenosti

Na skúsenosti s medziľudskými vzťahmi sa kedysi pozeralo ako na prednosť. Obchodníci mávali v tejto oblasti určité základné pokyny zamerané predovšetkým na vybavovanie reklamácií – čo bola v podstate nepriaznivá vec. Manažéri sa učili chápať význam riadenia cieľov a riadenia v rámci časového

Nezaškodí, ak si nacvičíte gestá pred zrkadlom (vľavo a vpravo)

harmonogramu, no len málo času sa venovalo spôsobu, ako ľudia zareagujú, keď sa im hovorí, čo majú robiť, alebo keď ich vyhrešia, že nepodali požadovaný výkon. Dokonca ani v prípade, ak ste od prírody dobrý komunikatívny typ – a čo je nemenej dôležité, viete pozorne počúvať – nedosiahnu vaše schopnosti nikdy vrchol možností, ak neporozumiete reči tela. Výskumy opakovane a hojne dokazujú, že pri odovzdávaných informáciách sa iba polovica významu vyjadruje hovoreným slovom, druhá polovica prichádza prostredníctvom reči tela hovoriaceho.

Sebazdokonaľovanie

Ak ste práve vy, tak ako väčšina ľudí, priemerne komunikatívny typ, a neviete nič o reči tela, je pravdepodobnosť vášho úspechu menšia. Ak však nejaké znalosti máte, jednou z najväčších výhod je, že vám pomôžu sledovať vlastný prejav, posudzovať jeho efektívnosť a pracovať na zlepšení. Čudujem sa, že taká zručnosť, akou je reč tela, sa nezaviedla do vyučovacieho procesu na školách všetkých stupňov. Možno sa ju totiž naučiť – a to pomerne ľahko, o čom vás, dúfam, presvedčí táto kniha.

Sebavedomie a precvičovanie vám pomôžu získať otvorenú, expresívnu reč tela (vpravo)

V zamestnaní aj mimo neho

V tejto knihe som sa zameral na také typy reči tela, s ktorými sa stretávate v každodenných situáciách. Reč tela za hranicami pracoviska sa dá čítať pomerne ľahko, reč tela v pracovnom prostredí býva menej zreteľná. Skutočne, ľudia ju často maskujú a zámerne tlmia jej prejavy z jednoduchého dôvodu, že v práci nezriedka musia svoje skutočné myšlienky skrývať.

Ak dokážete pochopiť neľahkú reč tela na pracovisku, získate skvelý základ na čítanie reči tela „v spoločnosti". Zásady sú väčšinou rovnaké a väčšia časť tejto knihy vám poslúži v zamestnaní aj mimo neho. Napriek tomu som sem zahrnul aj kapitolu venovanú výhradne zvláštnej reči tela „po práci" *(pozri s. 114 – 133)*.

Veľmi zunovaná

Východiskový bod

Je užitočné venovať bližší pohľad rozdielom medzi správaním na pracovisku a v spoločnosti, aby ste si všimli, aké výzvy vám poskytuje čítanie reči tela. Na tejto dvojstrane nájdete dve dvojice rôznych poslucháčov. Jednu dvojicu (hore) tvoria ľudia v zadnom rade, druhú dvojicu (dole) ľudia sediaci vpredu.

Neistá, posudzuje reakcie iných poslucháčov

Zaujato a pozorne počúva

Zadný rad

Reč tela zadného radu je zjavná a ľahko sa číta aj bez zvláštnych znalostí. Títo jedinci sa nesnažia skrývať, či sú znudení, nadšení, nedôverčiví alebo čokoľvek iné – ich reakcie sú jednoducho nestrážené. Dôvod je zrejmý: sú dobre skrytí, vo vzdialenosti vyše 30 metrov od rečníka. Tento druh nekontrolovanej reči tela sa podobá tomu, s akým sa všetci stretávate mimo pracoviska.

Má kritický názor a začína sa nudiť

Predný rad

Ľudia v prednom rade preukazujú rovnaké pocity ako tí, ktorí sedia vzadu, ale oveľa lepšie ich maskujú a čítanie reči ich tiel je pre nepoučených oveľa väčšou výzvou.

Úskalia

Mohli by ste si myslieť, že pochopiť reč tela je iba otázkou „zdravého“ rozumu, ale mýlili by ste sa: Ak hovorená reč ľahko podlieha chybnej interpretácii, platí to tým viac o reči bez slov. Len čo pôjde o interpretáciu reči tela, stretnete sa s hŕbou pascí a nástrah a niektoré z nich vás môžu zradne zviesť z cesty.

Základné úskalie č. 1

Najčastejšia chyba spočíva v tom, že sa usilujete čítať reč tela izolovane a robíte príliš unáhlené závery.

Existuje napríklad veľmi rozšírená povera, že ak sa niekto škriabe na nose, určite klame, alebo keď má niekto skrížené ruky či nohy, prežíva úzkosť. Ani zďaleka to nie je také jednoduché a tento druh amatérskej psychológie môže viesť k veľkým zámenám. (Ďalšie príklady nejasnej či dvojzmyselnej reči tela *pozri* Nohy na zemi, s. 28.)

Predovšetkým sa nesnažte naučiť sa jednotlivé signály. Radšej sa dívajte na reč tela ako na obrázok. Podobne ako v tejto knihe, kde sa každý znak reči tela zriedkavo opisuje izolovane, sa, naopak, zdôrazňuje, ako sa vyvíja v špecifických situáciách.

Základné úskalie č. 2

Ďalšia častá chyba spočíva v tom, že zle sledujete reč tela počas určitého časového úseku. Rozpoznať signály reči tela, povedzme v zlosti, je jedna vec, no má to naozaj malý význam, ak zároveň nedokážete určiť silu tejto zlosti a smer, ktorým sa uberá.

Na obrázkoch na protiľahlej strane čaká Ted na schôdzku a hladina jeho zlosti stúpa s každou uplynutou minútou. Ak ste práve vy tou osobou, ktorá ho necháva čakať, urobili by ste dobre, keby ste venovali pozornosť reči jeho tela, i keď ste inak zaneprázdnený – ak dopustíte, aby situácia zašla príliš ďaleko, môžete sa rozlúčiť s akýmkoľvek pozitívnym výsledkom vašej schôdzky.

Ak nie ste nútený reagovať na každý znak reči tela, ktorý uvidíte, usilujte sa aspoň pozorne sledovať, koľko negatívnych znakov reči tela zaznamenáte, a urobte vhodné opatrenia skôr, než sa priveľa pokazí.

Jednou z mnohých výhod štúdia reči tela je skutočnosť, že vám vzrastie sebavedomie a že budete lepšie vnímať iných ľudí. V dôsledku toho všetky vaše stretnutia s inými ľuďmi budú zaujímavejšie a budete z nich mať väčší osoh.

Je 14.00 hodín.

Predstavte si, že ste si s niekým dohodli schôdzku v jeho kancelárii. Nechajú vás čakať päť minút v prijímacej miestnosti. Na stupnici s desiatimi dielikmi by sa hladina zlosti , ktorú v tomto štádiu prežívate – ak si ju vôbec uvedomíte – pravdepodobne ustálila na jednotke. Ak sa v tejto chvíli otvoria dvere a niekto k vám vyjde, nemusí sa ani ospravedlniť.

O 14.10 sa začínate zaujímať, čo sa deje. Vaša zlosť je na úrovni trojky. **O 14.20** už očakávate, že niekto určite vyjde a ospravedlní sa za oneskorenie. Vaša zlosť je na úrovni päťky.

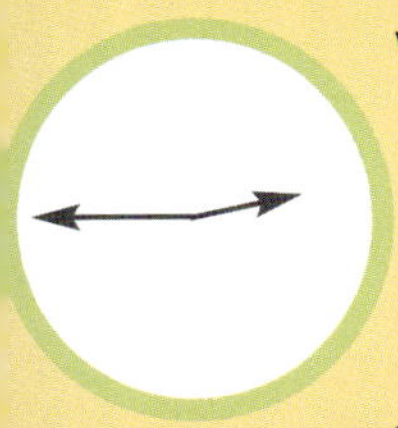

O 14.45 stále sedíte, nikto sa vám nevenuje a úroveň vašej zlosti vystúpila na osmičku alebo deviatku. Zdá sa vám, že odísť je v tejto chvíli jediný spôsob, ako si znížiť krvný tlak. Ak sa hladina vašej zlosti má dostať späť na jednotku alebo dvojku, vyžaduje si to ospravedlnenie, ktoré by sme mohli prirovnať k plazeniu otroka okolo vašich nôh. Inak schôdzka nemá nádej na úspech.

Táto kapitola skúma niekoľko základných pojmov – ako napr. zóny a osobné teritóriá – ktorým potrebujete porozumieť, aby ste dokázali úplne doceniť návody, ktoré tvoria hlavnú časť knihy.

Končí sa mimoriadne dôležitými radami týkajúcimi sa obmien v reči tela z medzinárodného hľadiska. Mali by ste ich čítať spolu s kapitolou o medzinárodnej etikete *(pozri s. 134 – 163).*

Schopnosť čítať reč tela sa úzko spája s veľmi oceňovaným darom empatie, ktorý niektorí ľudia považujú za najdôležitejšiu intelektuálnu schopnosť na pracovisku. Nikoho neprekvapí, že ženy mávajú vyššiu úroveň empatie než muži.

Základy reči tela

Teritóriá a zóny

Väčšina z vás inštinktívne vie, že ľudia sú teritoriálne živočíchy. Nevyplýva to len z toho, že sa cítite podráždení alebo dokonca mierne ohrození, len čo sa k vám príliš priblíži iná osoba. Cítite sa napadnutí dokonca aj takou bezvýznamnou udalosťou, keď si napríklad vo vašej prítomnosti niekto otvorí noviny tak, že ich kúsok presiahne „vašu" časť stola, alebo keď prekryjú priestor, ktorý by ste možno zabrali sami, keby ste si napríklad chceli rozložiť svoje noviny.

Niektorí odborníci robia z tejto témy veľký problém s mnohými „ak" a „ale". Domnievam sa, že pri prudkých pracovných debatách treba, aby bolo všetko jasné a ľahko sa zapamätalo. Preto navrhujem, aby ste si predstavovali, že všetci okolo vás chodia v akejsi bubline vytvorenej z troch neviditeľných obalov (pozri dole a vpravo).

Bubliny

Antropológovia už na túto tému popísali všeličo. Dnes už azda málokto pochybuje o tom, že ľudské reakcie vo vzťahu k územiu sú hlboko zakorenené a primitívne. Hoci sa niektorým ľuďom darí čiastočne ich prekonávať, nikdy sa ich úplne nezbavia. Treba s nimi rátať najmä v služobnom styku, lebo ak sa s ľuďmi stretávate po prvý raz, nemôžete vedieť, ako ich podráždi náhodné narušenie ich spoločenského priestoru.

Vonkajší obal

Vonkajší obal meria v priemere asi 2 metre a predstavuje vonkajšiu hranicu „služobnej zóny". Priestor (tu naznačený) medzi vonkajším obalom a stredným obalom (pozri na protiľahlej strane) je miesto, kde s vami ľudia môžu pohodlne viesť obchodné rokovanie.

Stredný obal

Medzi stredným a vnútorným obalom sa nachádza v rozmedzí 30 cm až 1,25 metra „osobná zóna“ (alebo aj „spoločenská zóna“) určená pre ľudí, ktorých poznáte a dôverujete im.

Vnútorný obal

Vo vnútornom obale, vo vzdialenosti 30 – 60 cm alebo bližšie, je „intímna zóna“. Je určená pre rodinu a blízke osoby.

Teritóriá a zóny

Istý čas som pracoval s obchodným zástupcom, ktorý bol vo svojej profesii veľmi úspešný. Navštevoval som spolu s ním zákazníkov, a postupoval pri tom dobre – aspoň som si to myslel.

Raz sme sa rozhovorili o tom, aké výhody môže mať napríklad pozvanie potenciálnych zákazníkov do reštaurácie na obed alebo na večeru. Zaujal som bežné stanovisko, že takéto pozvanie pomáha vybudovať vzťahy – čo je vhodné pri dlhodobých zákazníkoch. Prekvapil ma, keď namietol, že podľa neho nikdy z obeda či večere nevzišlo nič dobré.

Keď sa jeden tlačí na druhého

Neskôr som zistil, prečo je taký skeptický. Pozvali sme zákazníka na pohárik. Keď sme stáli pri bare, priblížil sa môj kolega k zákazníkovi tak blízko, že muž začal pomaly, centimeter po centimetri ustupovať. Kolega na to reagoval tak, že pristúpil ešte bližšie. Keď sa to zopakovalo niekoľkokrát, našiel si klient výhovorku, aby sa mohol vzdialiť: Išiel si zatelefonovať. Po návrate sa ubezpečil, že budem sedieť medzi ním a kolegom, a až do konca rozhovoru sa obracal na mňa.

Slepá ulička

Po tejto udalosti som sa nevedel rozhodnúť, či sa s ním mám o tom pozhovárať – koniec koncov, bol vo svojej práci výborný. Nakoniec som to predsa len urobil a jednoducho som sa ho opýtal, prečo pristupuje k ľuďom tak blízko. Povedal, že si to vôbec neuvedomuje.

Mesto a vidiek

Niektorí odborníci sa nazdávajú, že ľudia žijúci v preľudnenom prostredí potrebujú menej osobného priestoru než vidiečania – napríklad, ak predajca vychovaný v meste niečo predáva farmárovi, mal by si uvedomiť, že má stáť o kúsok ďalej, než pri mestskom zákazníkovi. Nie som presvedčený, či je táto rada vždy dobrá. Je pravda, že ľudia z mesta sú zvyknutí na to, že sa im často narušuje súkromie. Ak sa to však stane, pomerne rýchlo si svoj priestor bránia príkrym, poloagresívnym postojom, ktorý hovorí: „Všimol som si, že si sa priblížil trochu viac, môžeš tam zostať, ale dávaj si pozor.“ Človek z vidieka by sa možno cítil nepríjemne a neisto, nevedel by, ako má na narušenie svojho priestoru reagovať. Jeho reakcia by bola pravdepodobne menej agresívna než reakcia mestského človeka.

Pri tomto stretnutí kolegov sa A správa podľa pravidiel: Drží sa správne vnútri osobnej zóny – to je prípustné, keď medzi ľuďmi, ktorí spolu pracujú, vládne dôvera. No osoba C prekročila onen neviditeľný obal, ktorý by ju mal oddeľovať od B.

Osoba B sa cíti vedľa C tak nepríjemne, že ustúpila o kúsok ďalej a obracia sa výlučne na A. Osoba A to pochopí a usiluje sa minimalizovať poškodenie vzťahov tým, že opatrne stojí na okraji osobnej zóny. Ak zistíte, že ste v postavení osoby C, položte si otázku, či ste nenarušili niečiu zónu.

Skupiny znakov

Znie to pôsobivo – ale nie je to nič svetoborné. Jednoducho to znamená, že sa vyjadrilo niekoľko znakov reči tela súčasne, alebo že nasledovali v rýchlom slede po sebe. Jeden znak reči tela by mohol znamenať, že sa odovzdáva správa jednou vetou.

Skupina znakov je teda ako niekoľko viet pokope – inými slovami odsek. Vo väčšej časti tejto knihy zobrazuje väčšina ilustrácií skupiny znakov.

Dole je „skupina znakov znepokojenia", ktorá sa prejaví, keď sa Sarah usiluje pochopiť, o čom hovorí rečník.

1 Zmätená, znepokojená

2 Stále je zmätená – stres sa stupňuje

3 Úzkostlivo sa usiluje znova sa sústrediť

4 Stále to nemôže pochopiť – je skľúčená z pocitu neúspechu

Zhoda

Je to ďalší zaujímavo znejúci termín na niečo pomerne jednoduché. Zhoda nastáva, keď myšlienky a slová spolu ladia a podporuje ich výraz tela. Dochádza k nej napríklad vtedy, ak je rečník úprimný. Nemusí byť stopercentne čestný, ale v podstate to znamená, že niekto verí tomu, čo hovorí, alebo duchu, v akom to hovorí.

Zhodnú reč tela treba čítať ako súčasť určitej skupiny znakov (pozri s. 22, 24 a 25). Ak ju sprevádza séria gest v zhode s prejavom, potom máte nádej, že môžete dôverovať tomu, čo ste práve počuli. Ak prejav sprevádza reč tela, ktorá je s ním v rozpore, mali by ste sa zamyslieť nad tým, čo sa práve povedalo, a mali by ste si to overiť.

Príklad: Ted práve získal obrovskú zákazku pre svoju personálnu agentúru. Má dodať 50 miestnych stavebných robotníkov istej spoločnosti pre rozvoj národného majetku a zároveň má príležitosť opakovať tento postup v ďalších veľkých mestách.

Jeho šéf mu pred spolupracovníkmi blahoželá, potriasa mu rukou a hovorí, akú vynikajúcu prácu odviedol. Ted má zdvihnutú hlavu a usmieva sa hornou aj dolnou polovicou tváre.

Obracia sa a očami nadväzuje kontakt so svojimi spolupracovníkmi, pričom k nim vysiela gesto otvorenej dlane a súčasne svojmu šéfovi hovorí, že bez ich podpory by to nedokázal. Nie je pravda, že mu všetci pomáhali, v skutočnosti ich niekoľko začalo pre neho robiť akýsi prieskum, ale nechali to tak. Teraz však Ted vo svojej eufórii spomenul všetkých.

Nezhoda

Nezhodná reč tela, keď gestá protirečia slovám, svedčí o vnútornom zmätku rečníka a takémuto prejavu by sa nemalo dôverovať. Treba vypátrať, v čom to vází: nemusí ísť o nehoráznu lož – mohlo by to byť len znamenie, že rečník dáva neúprimné sľuby, nechce nikoho uraziť, alebo sa jednoducho necíti dobre.

Nezhodná reč tela sa opäť musí čítať v skupine znakov.

Majte na pamäti, že nezhodná reč tela neprezrádza iba rozpor medzi tým, čo rečník hovorí a čo si myslí, ale reaguje aj na to, čo rečník počuje od vás alebo od ďalších prítomných.

Skupiny znakov

Určitá skupina znakov v reči tela sa niekedy môže ľahko považovať za niečo, čím nie je, ako napríklad za uvoľnené držanie tela alebo dokonca za neutrálnu reč tela.

Sled nižšie uvedených obrázkov je práve takýmto príkladom. Pri zbežnom pohľade John vyzerá, akoby sa pozorne zaujímal o to, čo počuje. Skutočnosť je však iná.

1 Vari najzaujímavejšou vecou na skupine znakov je, že môže odhaliť zmenu nálady, alebo aj určitý stav mysle. Zdá sa, že John sa pozorne zaujíma o to, čo počuje, opiera sa však dozadu, má zdvihnutú hlavu a jeho ukazováčiky mieria nadol – to sú negatívne príznaky. (Všimnite si jeho ruky.)

2 Negatívne príznaky, ktoré sme práve spozorovali, sa teraz potvrdzujú tým, že si John rýchlo založil ruky, aby si vytvoril akýsi druh obrannej bariéry. Súčasne sa mu na tvári objavil nepopierateľný výraz prekvapenia. No aby neurazil prednášajúceho kolegu, snaží sa ešte stále vyzerať, že ho to zaujíma.

Predstieranie

Je smutné, keď naokolo je množstvo ľudí, ktorí sa správajú ako šéf: možno si namýšľajú, že ich to zvýhodní, keď sa bude rozhodovať o povýšení, pred niekým menej asertívnym.

Tento typ postoja – divadielko – ľahko odhalíte, ak dokážete rozlíšiť skupiny znakov. Príliš veľa gest alebo priveľa krátkych, rýchlych pohybov opakovaných po skupinách v určitých intervaloch, sú znakom neúmyselného prezradenia. Ďalším znakom neúmyselného prezradenia je „vypínanie sa do výšky" či „afektovaný postoj". Je príslušná osoba pri svojom vzpriamenom držaní tela uvoľnená, alebo je príliš kŕčovitá? Ak niekto korení svoju reč obchodnými výrazmi, je to ďalší znak, ktorý ho prezradí, možno aj v kombinácii s už vyššie uvedenými. Keď začujete nepretržitý tok žargónu vyššieho manažmentu, ako napríklad výrazy „spodná hranica" alebo „pomer rizika a výnosu", pravdepodobne ide o človeka, ktorý by „chcel niekým byť", ale v skutočnosti nie je.

3 Nastala veľká zmena. Johna teraz zaujalo, čo sa práve hovorí, a predvádza reč tela človeka, ktorý veľmi pozorne počúva. Nakláňa sa dopredu, obracia sa telom priamo k rečníkovi a hoci s jeho slovami môže aj nemusí súhlasiť, venuje im pozornosť.
(Všimnite si výraz tváre.)

Medzinárodné obmeny

Táto kniha je predovšetkým o reči tela, s ktorou sa budete stretávať pri práci v západnom svete – v západnej Európe, USA a Kanade. Mnohé znaky reči tela, o ktorých hovorím v hlavnej časti knihy, prekračujú väčšinu hraníc v spomínaných častiach sveta. S viacerými z nich sa môžete prezentovať v iných svetadieloch, a nestretnete sa s nepochopením ani s trápnymi pocitmi. No zopár aspektov „západnej“ reči tela vám v cudzine môže spôsobiť problémy. Hovoríme o nich na týchto dvoch stranách.

Globálna etiketa

Ak pracujete v obchode na medzinárodnej úrovni, musíte akceptovať zvláštnosti miestnych zvykov, pokiaľ ide o etiketu, bežné pozdravy atď. Japonci napríklad pri predstavovaní držia v oboch rukách svoje firemné vizitky, Indovia sa nezdravia podaním ruky, ale držia dlane spojené v geste pripomínajúcom modlenie – *namaste*. Ak obyvatelia Západu neurobia to isté gesto, zriedkakedy sa to považuje za urážku, no ak zmienený pozdrav opätujete, môže to pomôcť hladkému priebehu rokovania. (Podrobne o týchto a podobných zvykoch *pozri* Medzinárodná etiketa, *s. 134 – 163).*

Kde to škrípe

Úskalie: Kontakt očí

Kto by si mal dávať pozor?

Každý Európan a Američan, ktorý navštívi Ďaleký východ, najmä Japonsko a Kóreu.

Nemilé dôsledky

Japonci a ďalší obyvatelia Ázie považujú príliš priamy kontakt očí za agresívny a drzý. Preto pohľady do očí obmedzte.

Úskalie: Firemné vizitky

Kto by si mal dávať pozor?

Každý európsky a americký návštevník Japonska.

Nemilé dôsledky

Pre Japoncov nie sú firemné vizitky len kartičkami s natlačenými menami: Sú súčasťou totožnosti svojho majiteľa, a preto sa s nimi zaobchádza s veľkým rešpektom. Keď prvý raz dostanete vizitku, venujte čas tomu, aby ste si ju preštudovali, a potom ju opatrne položte na stôl pred seba. Keď sa rokovanie skončí, vložte si ju do peňaženky, nie do vrecka, a hlavne ju nedávajte do vrecka nohavíc – to znamená tam, kde by ste si na ňu mohli sadnúť. Japonci, ktorí často cestujú do zahraničia, si už samozrejme začínajú uvedomovať západný prístup k vizitkám, ale pre mnohých, ktorí nemajú nijaké zahraničné skúsenosti, je to ešte stále citlivý bod.

Úskalie: Kývanie na rozlúčku

Kto by si mal dávať pozor?

Obyvatelia Severnej Ameriky, ktorí navštívia Európu v okolí Stredozemného mora a Latinskú Ameriku.

Nemilé dôsledky

Bežné americké gesto zakývania na rozlúčku sa v týchto krajinách môže chápať ako „Nie". Najlepšie je vyhnúť sa mu.

Úskalie: Dotýkanie sa iných ľudí

Kto by si mal dávať pozor?

Každý, nech ide kamkoľvek.

Nemilé dôsledky

Príslušníkom niektorých kultúr pripadá veľmi prirodzené, ak niekoho chytíte za pažu, položíte mu ruku na plece, alebo dokonca na chrbát ruky, aby ste pri rozhovore niečo zdôraznili. Tieto nevinné gestá sa bežne považujú za znak dôvery a uznania a za pomocné prostriedky, ktoré zdôrazňujú niektoré body rozhovoru. Môžu však aj uraziť alebo obťažovať, čo záleží na tom, s kým rokujete. Pokiaľ ide o dotyky, možno obchodných partnerov vo všeobecnosti rozdeliť do troch skupín (vpravo).

Používanie dotykov

1 Dotyky nie sú v obľube

V Japonsku, Spojených štátoch a Kanade, vo Veľkej Británii, Škandinávii a v ďalších krajinách na severe Európy, ale aj v Austrálii a Estónsku sa vzájomné dotýkanie obmedzuje, až na niektoré významné výnimky, na minimum. Vyhnite sa tomu, že Japonca srdečne potľapkáte po chrbte, ani ho neobjímajte okolo pliec, keď mu chcete prejaviť priateľstvo alebo mu blahoželať – bude mu to veľmi nepríjemné.

2 Ľudia sa trochu dotýkajú

Vo Francúzsku, Číne, Írsku a v Indii sú dotyky o niečo prijateľnejšie.

3 Dotyky sú v obľube

V krajinách Stredného východu, Latinskej Ameriky, v Taliansku, Grécku, Španielsku, Portugalsku, v niektorých ázijských krajinách a v Rusku sú vzájomné dotyky bežné a oveľa prijateľnejšie. Napríklad niektorí arabskí obchodníci môžu pri prechádzke náhle uchopiť vašu ruku ako znak obdivu a dobrého vzťahu.

Nohy na zemi

Skôr ako preštudujete ďalšiu kapitolu tejto knihy, nezabúdajte, že veľa prejavov reči tela, o ktorých sa dočítate, môže mať príležitostne skôr spoločenský než psychologický význam. Inými slovami, vždy sa držte nohami na zemi a nesnažte sa získať izolovanú informáciu z toho, čo robí telo: niekedy je svrbenie naozaj iba svrbením.

Škrabkanie po nose

Ruky vo vreckách

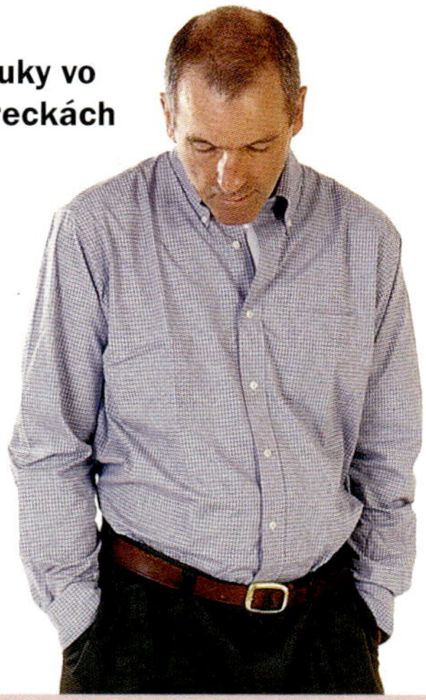

Založené ruky

Reč tela	**Čo by to mohlo znamenať**	**Čo to často znamená**
škrabkanie po nose	klamanie, nedôvera	svrbenie nosa
opretie chrbta o operadlo	nadradenosť, arogancia	pocit uvoľnenia, únava
ruky vo vreckách	tajnostkárstvo, uzavretosť do seba, možno depresia	zima na ruky, hľadanie drobných po vreckách
založené ruky	obranný postoj, neistota, potreba duševnej podpory	zimomravosť, pocit upokojenia
nohy krížom	obranný postoj, zakríknutý človek, možno nepriateľský	je to pohodlné (muži), je to ženské (ženy)
zívanie	komplikovaná situácia, nuda	únava, málo vzduchu

Nohy krížom (muži)

Nohy krížom (ženy)

Opretie chrbta o operadlo

Zívanie

Nemáte moc nad svojím šéfom a pravdepodobne nemôžete prikazovať ani svojmu manželovi, manželke či problematickým spolupracovníkom. V živote však vznikajú situácie, keď treba týchto ľudí presvedčiť, aby zmenili svoj názor. Keď im to nemôžete jednoducho predostrieť, musíte im to „predať". Slovo „predať" neznamená nijakú špinavosť: väčšina obchodných cestujúcich a predavačov sú slušní, sympatickí ľudia, ktorí chcú poskytovať služby. Správna reč tela vám pomôže pri predávaní správy o sebe, a preto sa táto kapitola začína tým, ako získať dôveru a urobiť dobrý prvý dojem podaním ruky.

Potom sa budete zaoberať rečou tela v dvoch štandardných situáciách pri obchodných rokovaniach – okolo stola a v malej skupine.

Tí, ktorí dokážu najlepšie presviedčať, si vedia vopred, ešte pred obchodným rokovaním, jednoznačne vytýčiť ciele. Majú potom jasnú myseľ a dostatočnú voľnosť sústrediť sa na to, ako predviesť vlastnú osobu v tom najlepšom svetle – nielen za pomoci dobrej reči tela.

Predávanie a presviedčanie

Získavanie dôvery

Prv než sa niekam dostanete ako obchodný cestujúci - vlastne skôr, než dokážete kohokoľvek presvedčiť, aby urobil to, čo vy chcete - musíte získať istú mieru dôvery. Niektorí ľudia predpokladajú, že si získajú dôveru za tri minúty, lenže priebeh rokovania napokon vždy ich zámer spomalí. Väčšina z vás si neuvedomuje, aká osobná vec je otázka dôvery, a neberie do úvahy, akou rýchlosťou sú rozličné typy osobností schopné preukázať dôveru. Ako uvidíte na ďalších stránkach, kľúčom k získavaniu dôvery je používanie správnej reči tela. Existuje však aj niekoľko ďalších významných faktorov, ktoré treba mať na zreteli.

Dôvera sa získava postupne

V obchode práve tak ako v osobnom živote môžete budovať dôveru len po krôčikoch. Môžete ju v jednej chvíli získať a v ďalšej stratiť. Ak si myslíte, že si počínate dobre, pokračujte v práci a dokončite ju, ale rátajte s tým, že budete musieť celý postup zopakovať. Nováčikovia vo svete obchodu si často myslia, že sú so svojou prácou hotoví už na prvej schôdzke a potom sa správajú, akoby už dôveru mali. V skutočnosti ich v takomto prípade považujú za karieristov a často stratia všetku dôveru, ktorú sa im v predchádzajúcom štádiu podarilo získať.

Sledujte zóny

Ak sa k niekomu postavíte príliš blízko, podráždi ho to a môže ho to aj zastrašiť. Nezabúdajte, že služobná zóna sa začína vo vzdialenosti asi 1,25 metra od vášho zákazníka.

Správne si podajte ruky

Pozri s. 36

Vhodne používajte meno zákazníka

Dale Carnegie, učiteľ autorov teórie sebazdokonaľovania, povedal veľmi jadrne, že najsladším zvukom v ušiach každého je zvuk vlastného mena. Neprehánajte to však ako treťoradí obchodníci: opakovať v pravidelných intervaloch čiesi meno je otravné, neúprimné a priveľmi familiárne.

Nehovorte priveľa

Dajte si pozor, aby ste netárali: priveľa slov vyznie plytko a dáva tušiť nedostatok záujmu o čokoľvek, čo by chcel povedať váš zákazník.

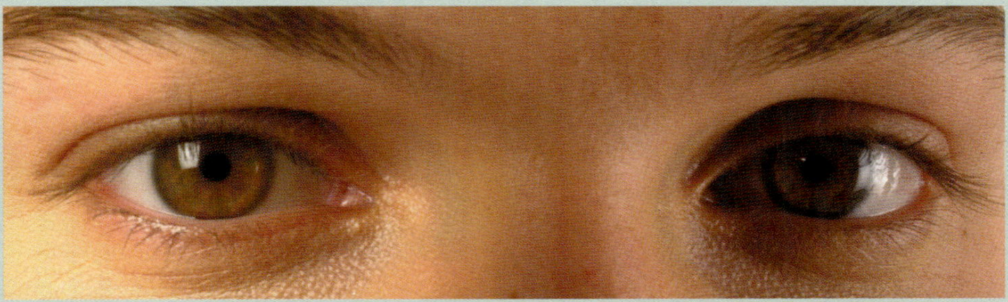

Usmievajte sa očami

Je dôležité sa usmievať, ale nemenej dôležité je to nepreháňať.

Úsmev naznačuje, že ste človek priateľský, otvorený, prístupný a dáva tušiť, že asi budete mať pri rokovaní čestné úmysly. Ak vaše pery zostanú zovreté, vyšlete znamenie, že ste buď nervózny, alebo nie ste veľmi ochotný spolupracovať – ani jedno vám pri predávaní nepomôže.

Naopak, ak pri vstupe do miestnosti obdaríte zákazníka žiarivým úsmevom, vzbudíte zvedavosť, čo vás mohlo pri transakcii tak rýchlo rozveseliť.

Pri prvom stretnutí sa usmievajte radšej očami ako celou tvárou. Je to užitočné preventívne opatrenie, lebo druhá strana môže ľahko zbadať, že sa o úsmev snažíte príliš usilovne. Neskôr sa môžete pokúsiť usmievať celou tvárou a sledovať, ako zákazník reaguje.

Keď nemáte náladu a nie je vám do smiechu, je načase využiť herecké schopnosti: Uvoľnite svaly v tvári a vybavte si spomienku na príjemný zážitok alebo na dobrého priateľa. Keď získate prax, navodí vám to nenútený, povzbudzujúci úsmev, ktorý pomáha pripraviť pôdu pre uvoľnené, otvorené komunikovanie.

Získavanie dôvery

Prednes

Začleňte do svojej reči čo najviac prvkov z reči svojho zákazníka – spád, prízvuk, spôsob výslovnosti hlások a objem. To všetko môže veľmi dobre vyjadrovať spôsob myslenia človeka v ktoromkoľvek okamihu. Ľudia majú radi takých ľudí, ktorí myslia rovnako ako oni.

Spôsob, akým hovoríte: rýchlosť

Človek často dokáže myslieť rýchlejšie, než môže hovoriť, a preto je prirodzené, že začne hovoriť skôr, než niekto iný skončí. Sami dobre viete, čo to vo vás vyvolá, ak vám to niekto urobí. Rozhodne si hneď teraz sľúbte, že nebudete skákať do reči niekomu, koho chcete o niečom presvedčiť alebo mu niečo predať.

Ruky

V tejto knižke zistíte, že ľudia majú tendenciu spontánne používať ruky, aby zdôraznili, čo hovoria, alebo aby naznačili, že to myslia úprimne. Keď zveličujú, niečo skrývajú alebo klamú, vo všeobecnosti obmedzujú pohyby rúk. Niekedy sú ruky úplne vyradené z hry, sú vo vreckách alebo pod stolom. Ak chcete nastoliť ovzdušie dôvery, umožnite zákazníkovi, aby videl pohyby vašich rúk, a pohybujte nimi prirodzene.

Kontakt očí

Ak nerokujete s dominantným alebo problematickým typom človeka, smerujte svoj pohľad na spodnú časť jeho tváre, pod oči. Niekedy sa to označuje ako „dôverný" pohľad, lepší výraz je však „všeobecne prijateľný"

Niečo o rukách a nohách

Ak predávate, nezaložte si ruky ani si neprehoďte nohy krížom – vyhýbajte sa tomu najmä pred novým zákazníkom. Môže to vyzerať ako nedbanlivosť, či už to tak myslíte, alebo nie. Ak sa však v tomto smere chopí iniciatívy váš zákazník a založí si ruky alebo dá nohu cez nohu, bude vhodné napodobniť ho.

Napodobňovanie

Napodobňovanie (hore) dokáže byť veľmi mocným prvkom reči tela. Vypovedá o tom, že sa vám osoba, s ktorou rokujete, páči a že k nej cítite rešpekt. Reagujte na jej gestá vždy po krátkej chvíli podobnými vlastnými, dávajte však pozor, aby to nebolo príliš nápadné.

pohľad. Nezvykajte si príliš na pohľady z očí do očí – nepretržitý kontakt očí *(pozri s. 110)* sa môže chápať ako znamenie neúprimnosti, ba dokonca klamstva.
Keď potrebujete zdôrazniť nejaký bod kontaktom očí, je vhodné zadívať sa namiesto toho zákazníkovi na lícne kosti. Je to úplne priateľské gesto a klienta natoľko nevyľaká ako priamy pohľad do očí.
Dajte si však pozor, aby ste nevzbudili dojem, že sa kontaktu očí vyhýbate, čo môže naznačovať, že sa správate vyhýbavo, že máte nedostatok sebadôvery, alebo že vás jednoducho nezaujíma to, o čom sa práve hovorí.

Podanie ruky

Sú aj takí, ktorí by podávanie ruky najradšej zrušili, lebo je to prázdny rituál. Medziľudské vzťahy sú však plné rituálov, a či sa vám to páči alebo nie, býva podanie ruky často prvým gestom reči tela, ktoré zažijete pri akomkoľvek obchodnom rokovaní.

Ľudová múdrosť hovorí, že sa o určitej osobe môžete dozvedieť veľa zo spôsobu podávania ruky, ale ja som v tomto smere skeptický, ako zistíte z ďalších stránok. Pokúsil som sa zahrnúť do tém v tejto knihe niekoľko základných skutočností, o ktorých si môžete byť pomerne istí.

Samozrejme, na najnižšej úrovni môže zlé podanie vyvolať zmätok – ba až smiech – a je zrejme pravda, že ak chytíte podanie ruky za správny koniec, pomôže vám to vzbudiť kladný prvý dojem, a tým položiť základ vybudovania dôvery.

Typ podania ruky

Rozhodol som sa, že túto tému nebudem komplikovať uvádzaním príliš veľkého počtu jemných odchýlok základného podania ruky. Radšej sa pozrieme na hlavné typy, ako sa ruka má či nemá podávať.

Význam podania ruky

V primitívnych spoločnostiach možno ruku držali pred telom na potrasenie – alebo ju zdvihli do vzduchu široko otvorenú, aby ju mohli všetci vidieť – znamenalo to, že prichádzate neozbrojený a v mieri. Je to pekná teória, ale nedopusťte, aby na prvej schôdzke ovplyvnila váš úsudok o ľuďoch. Okolo podávania ruky existuje toľko „keby" a „ale", že to nemôže byť spoľahlivý ukazovateľ charakteru človeka. Zoberte si hoci len takých Britov. Vo všeobecnosti podávajú ruku s oveľa menšou chuťou než ich susedia v kontinentálnej Európe, ktorí sú schopní začínať a končiť aj to najkratšie obchodné stretnutie priateľským stiskom ruky, a to aj v prípade, že druhú osobu dobre poznajú.

Pre Britov je podanie ruky formálnejšie a používa sa výhradne pri stretnutí ľudí, ktorí sa dôverne nepoznajú.

(Ďalšie významné kultúrne rozdiely pri schôdzkach, pozdravoch a všeobecnej komunikácii s ľuďmi rôznych národností *pozri* Medzinárodná etiketa, *s. 134 – 163)*

Podanie ruky s odstupom

Ide o klasické, slávnostné podanie ruky, vhodné pre prípady, keď sa s niekým stretnete po prvý raz. (Všetky opisy v kapitole sa vzťahujú na osobu vpravo.)
Pažu pri podávaní majte vystretú, ale nie príliš vysoko, telo držte vzpriamene. Ruku držte vodorovne, dlaňou obrátenou doľava. Pri stisku by ste mali vyvinúť mierny tlak – keby bol stisk príliš pevný, vyzerali by ste veľmi asertívne, keby nebol dosť pevný, považovali by vás za pasívneho človeka. Ruku druhej osoby uchopte celú – za dlaň, nie za prsty. Ak to urobíte opísaným spôsobom, vyšle stisk ruky dobrú správu: „Stretávame sa ako rovný s rovným. Nechcem byť nepriateľský, ale než sa pustíme do obchodných vecí, chcem sa o vás dozvedieť viac.“
Niekedy môže byť vhodné podržať ruku druhej osoby v dlani o niečo dlhšie, než by ste ju držali normálne – doslova tak upútavate pozornosť, zatiaľ čo si vymieňate prvé zdvorilostné frázy a žoviálne poznámky.

Podanie ruky

„Dominantné“ podanie ruky

Hovorí sa, že dominantné alebo problematické typy prirodzene podávajú ruku dlaňou dolu *(pozri s. 88)*, nedajte sa však obalamutiť a neverte, že je to vždy tak. Všade okolo nás existuje množstvo ľudí so slabým charakterom, ktorým niekto povedal, že „dominantný“ spôsob podávania ruky možno výhodne využiť na dosiahnutie dominantného postavenia v určitom vzťahu. Niekedy sa tieto typy prezradia tak, že vystrú ruku s dlaňou už obrátenou dolu, ešte skôr, než vôbec dôjde ku kontaktu. Ľudia, ktorí hrajú takéto divadlo, nie sú rodení vodcovia, aj keby si to akokoľvek želali – jednoducho len potrebujú pomoc.

Pre prirodzene dominantný spôsob podania ruky je charakteristické, že sa začína ako zvyčajne, dlaňou smerujúcou doľava – niekedy možno s dlaňou mierne sklonenou – a potom, počas stisku, dominantná osoba obracia ruku druhej osoby pevne do polohy dlaňou hore alebo takmer hore. Tento pohyb musí byť, samozrejme, rýchly, ináč by mohol vyzerať netaktne – a preto by ste ho mali používať iba v prípade, keď ste si istí, že ho dokážete úspešne realizovať. Ľudia, ktorí to dokážu prirodzene a účinne, vás môžu prekvapiť, lebo súčasne vysielajú správu „ja tu prevezmem vedúcu úlohu“ – alebo aj „moja ruka má prevahu“, „ja sa ujímam vedenia“.

Dominantná ruka je vpravo

„Dôverujem vám“

Pri podaní ruky, ktoré je podobné typu „vitajte v mojom priestore“, je vzájomné priblíženie ešte výraznejšie (vľavo). Stisk ruky trvá dlhšie a ruky sa pohybujú hore a dolu vo väčšom rozsahu. Takto si potriasajú rukami inštinktívne tí, medzi ktorými vládnu priateľské vzťahy, alebo spolupracovníci, ktorí si dôverujú. Ak vám niekto podá ruku týmto spôsobom pri prvom stretnutí, môže to svedčiť o tom, že veľmi verí svojim schopnostiam. Môže to však byť aj prejav priveľkej familiárnosti, preto ho používajte opatrne.

„Vitajte v mojom priestore“

Podobné podanie ruky, pri ktorom si „zachováte odstup“ *(pozri s. 37)*. V uvedenom prípade (vpravo) sú k sebe obe osoby o 10 – 20 cm bližšie, čo signalizuje priateľskejší vzťah. Paža je zohnutá v lakti a ruka môže byť zohnutá v zápästí, aby zostala rovnobežne so zemou – hoci tak môže vyvolať dojem predstieranej nadradenosti. (Nechajte ruku smerovať trochu hore, aby ste sa vyhli tomuto nedorozumeniu.) Je to jemnejší spôsob ovplyvňovania vzťahov a viac sa pri ňom spolupracuje než pri dominantnom podaní ruky (na protiľahlej strane). Vyžaduje nižší stupeň presadzovania vlastnej osoby, o sebaistote ani nehovoriac.

Podanie ruky

„Skutoční kamaráti“

Podanie ruky podobné typu „dôverujem vám“ *(pozri s. 39)*. Priblížite sa však k sebe ešte viac. Je vyhradené pre priateľov a najbližších spolupracovníkov. Neuplatňujte ho voči cudzím ľuďom, keby ste na nich chceli urobiť dojem svojou priateľskosťou. Toto podanie ruky (dole) zahŕňa aj vstup do osobnej zóny *(pozri s. 18)* a veľa ľudí to chápe – vedome či nevedome – ako hrozbu, alebo im to dokonca ide na nervy.

Ak pri podaní ruky pevne uchopíte voľnou rukou druhej osobe predlaktie alebo plece (dole), takmer určite jej vnuknete myšlienku, že ste veľmi sebaistí a zároveň neúprimní. To isté platí aj o „podaní ruky politika“ (dole), z ktorého sa obyčajnému človeku v skutočnosti dvíha žalúdok. Pri ňom dotyčný pevne zovrie obe ruky okolo ruky druhej osoby – obyčajne sa „páchateľ“ súčasne nakloní dopredu a znehybnie svoju obeť prenikavým pohľadom. Ak sa na túto tému uzatvárajú stávky, zaraďujú sa politici dôsledne do skupiny ľudí, ktorým sa v spoločnosti najmenej dôveruje. Keby venovali väčšiu pozornosť reči svojho tela, mohli by občanom klamať oveľa účinnejšie.

Správne podanie ruky...

Správne podanie ruky vzbudzuje príjemný pocit – stisk nie je príliš pevný ani príliš handrovitý. Ruka nie je na dotyk vlhká ani lepkavá: ak sa ľahko potíte, postarajte sa, aby bola suchá – pred podaním si ju (diskrétne) utrite.

...nesprávne a mľandravé podanie ruky

Hovorí sa, že priveľmi silný stisk ruky (vyobrazený dole v nesporne extrémnej forme) prezrádza sebadôveru či odvahu. No mnohí ľudia, ktorí zistia, že ho používate, si pomyslí, že ste agresívny, a budú vás chcieť udržať od seba v určitej vzdialenosti. Môžu sa aj domnievať, že to robíte zámerne, aby ste vzbudili dojem dominantnosti, ktorú v skutočnosti nemáte.

Mľandravé podanie ruky sa, naopak, považuje za prejav slabej sebadôvery. Sami to nerobte, ale ak vám takýmto spôsobom podá ruku niekto iný, nevyvodzujte z toho príliš veľké závery. Už som sa stretol s mnohými ľuďmi, ktorí sú tvrdí ako vystužený oceľový nosník, a napriek tomu rozdávajú stále tie najhandrovitejšie stisky rúk.

Zasadací poriadok

Tieto dve stránky čítajte súčasne s kapitolou o rokovaní *(s. 60 – 75)*. Veľa uvedených rád môžete použiť na obe skupiny prípadov. Predovšetkým to bude identifikácia kľúčovej osoby, od ktorej závisí rozhodovanie, a odporúčanie vziať si so sebou niekoho, kto bude pozorovať reč tela druhej strany, zatiaľ čo vaša myseľ sa sústredí na obchodnú prezentáciu.

Rozhovor pri stole

Vhodne zostavený zasadací poriadok pomáha rozvinúť reč tela. Vyhnite sa napríklad takému rozsadeniu, ktoré vidíte hore a na diagrame vpravo, ibaže by ste predávali z pozície sily v prípade, keď druhá strana potrebuje daný obchod viac než vy, alebo keď pripravujete veľmi formálnu prezentáciu.

Pomyselná čiara uprostred stola

Ľudské bytosti, a to dokonca aj typy, ktoré príliš nepremýšľajú, nemôžu poprieť, že sú teritoriálne živočíchy. Ak sedíte pri stole oproti komukoľvek, vždy existuje uprostred stola akási pomyselná čiara, ktorá v mysliach všetkých prítomných vymedzuje hranice ich časti stola. Ak vaša aktovka na dokumenty, prezentačné dosky alebo hoci len jediný list papiera omylom naruší túto čiaru, narúšate vlastne priestor svojho náprotivku. Zdá sa absurdné, že by práve takáto maličkosť mala byť príčinou namrzenosti, ale vždy to tak do určitej miery je.

Minimalizácia konfrontácie

Nie je náhoda, že sa v kanceláriách často používajú okrúhle stoly – nielenže podnecujú reč tela k vzájomnej spolupráci, ale aj účelne vypĺňajú priestor. Ak ste obchodný zástupca a chcete, aby sa váš zákazník cítil o niečo lepšie, posaďte ho chrbtom k stene.

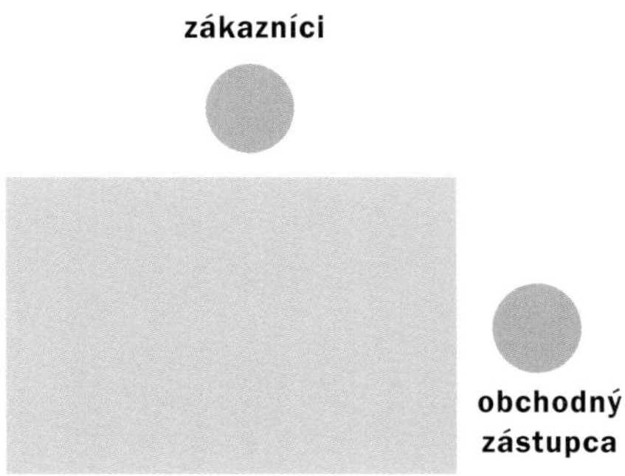

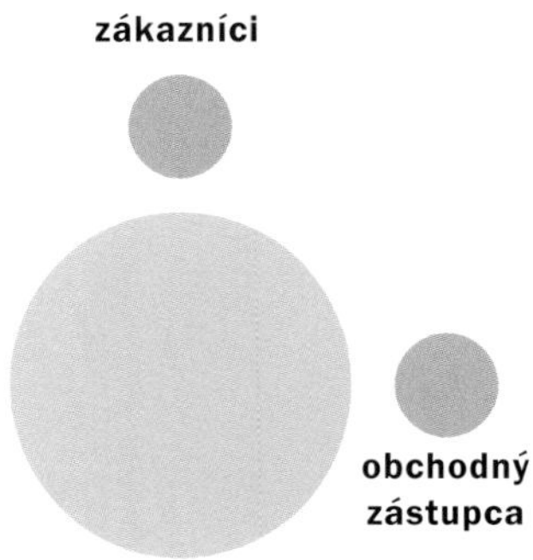

Usporiadanie hore nie je určené len pre obchodné schôdzky. Je vhodné pre väčšinu stretnutí dvoch osôb, najmä vtedy, ak staršia osoba chce navodiť neformálnu atmosféru a nadviazať vzťah s mladšou osobou: staršia osoba by sa mala zahľadieť do papierov, potom sa pozrieť nabok, aby zachytila pohľad mladšej osoby, a zatváriť sa priateľsky.

Ak môžete, sadnite si v pravom uhle k svojmu zákazníkovi, ako je naznačené hore. Vyhnete sa tak teritoriálnej konfrontácii, roh stola sa využíva ako čiastočná bariéra. Zákazník sa nebude cítiť ohrozený, obchodný zástupca môže udržiavať kontakt kútikom oka, čo nie je také provokatívne ako priamy kontakt z očí do očí.

Zasadací poriadok

Manipulácia s aktovkou

Ak idete na obchodnú schôdzku, kde by vás rozmiestnenie stoličiek nútilo sedieť naproti zákazníkom, použite nižšie vyobrazený postup, aby ste sa prepracovali až na koniec stola a mohli tak začať prezentáciu z rohovej pozície. Z tohto manévra vyplynie ďalšia výhoda, a síce, že si tak vytvoríte istý stupeň neformálnosti. Zákazník uvidí obchodného zástupcu, ktorý je skôr zaneprázdnený než bez pohybu, čo nie je zlé, ak všetko na seba hladko nadväzuje. Pohyby musia byť starostlivo časovo rozvrhnuté, aby vyplnili prestávky v obchodnom rokovaní – tie, samozrejme, nastanú, lebo zákazníka by ste nikdy nemali bombardovať nepretržitým hovorom.

obchodný zástupca

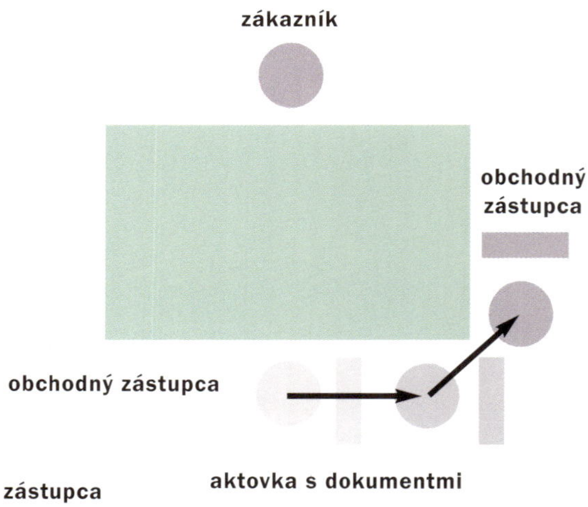

1 Sadnite si na stoličku a postavte si aktovku na zem vpravo od seba. Umiestnite ju tak, aby bola takmer mimo vášho dosahu. Snažte sa pritom vyzerať uvoľnene a prirodzene.

2 Predstierajte, že ste si z aktovky zabudli niečo vybrať. Prisuňte si stoličku o kúsok bližšie, aby ste na veci dočiahli. Vyberte si dokumenty, potom dajte aktovku naspäť na podlahu – tentoraz o trochu ďalej doprava.

3 Tento postup opakujte, kým nebudete sedieť tam, kde chcete, na konci stola, šikmo oproti zákazníkovi. Teraz môžete viesť prezentáciu z uvoľnenejšej, menej konfrontačnej pozície.

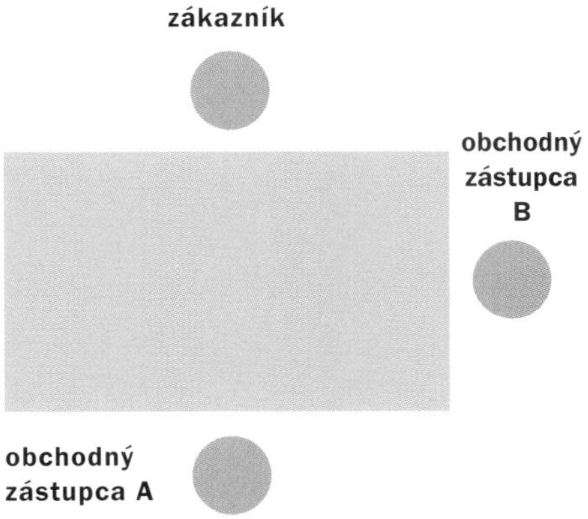

Tímová práca

Vyššie uvedený plán rozsadenia osôb môže dobre fungovať, ak prídu k jednému zákazníkovi na návštevu dvaja obchodní zástupcovia. Ten, ktorý sedí naproti (obchodný zástupca A), by mal byť tým, kto sa bude skutočne starať o účet a kto už má za sebou predchádzajúcu schôdzku s týmto zákazníkom.
Ten, kto sedí zboku (obchodný zástupca B), by mal byť spolupracovníkom obchodného zástupcu A, ktorý sa už predtým zoznámil so zákazníkovými obchodnými záležitosťami.
Obchodný zástupca B vzbudí záujem zákazníka tým, že ho požiada, aby si spomenul na svoje predchádzajúce skúsenosti s vonkajšími dodávateľmi, a zdôrazní všetky ťažkosti, ktoré sa možno vyskytli. Potom sa obráti na obchodného zástupcu A a spýta sa ho, ako by prekonal tieto ťažkosti. Súčasne vyzve zákazníka, aby sa zapojil do rozhovoru. Nastane situácia, keď obchodný zástupca B a zákazník hrajú spolu duet. Zákazník začne mať pocit, že obchodný zástupca B je vlastne tiež takmer zákazník a že obchodný zástupca A je v určitom zmysle ich „protivníkom".

Stoličky ako v orchestri

Ak je prítomných niekoľko obchodných zástupcov a zákazníkov, pokúste sa presadiť striedavý zasadací poriadok, aby nenastala situácia „my a oni".
Výnimkou z tohto pravidla sú vysoko formálne prezentácie – premiešané rozsadenie by sa v tomto kontexte považovalo za neprofesionálne. Pravdepodobne najefektnejší je vyskúšaný a overený spôsob – obchodný zástupca stojí na jednom konci stola s grafom alebo iným obchodným materiálom.

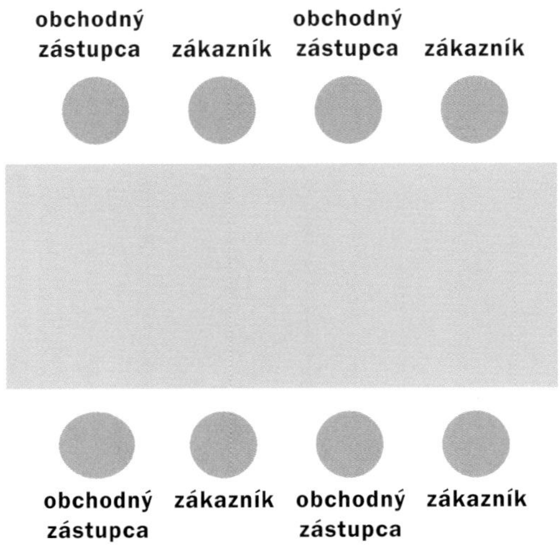

Predávanie malým skupinám

Ak má človek predávať sám malej skupine, je to ťažké – je skutočne nemožné dobre predávať a súčasne sa sústrediť na reč tela druhej strany. Pre tento dôvod sa náš návod zámerne sústreďuje na jedinú veľmi dôležitú vec, ktorú by ste mali mať počas obchodnej schôdzky na mysli: *venujte sa všetkým svojim zákazníkom*. Buďte stále v strehu a v reči tela dávajte pozor na signály, ktoré vám napovedia, že ten či onen z vašich zákazníkov stráca záujem.

Keď začínate hovoriť, povedzte si, že predávate každému z nich. Udržujte reč svojho tela v pohybe a majte ruky hore *(pozri s. 52)*. Súčasne si položte otázku, kto je medzi vašimi zákazníkmi kľúčovou osobou, od ktorej závisí rozhodovanie – a rovnako by ste to mali robiť pri rokovaniach *(pozri s. 72 – 73)*.

Len čo túto osobu odhalíte, neurobte tú chybu, že by ste predávali iba jej: Takýto zákazník dáva niekedy prednosť pasívnej úlohe, necháva hovoriť iných a chce mať pokoj na rozmýšľanie. Buďte však v strehu, aby ste dokázali zachytiť sled gest jeho reči tela, ktoré budú nasledovať a ktoré kľúčovú osobu nielen odhalia, ale zároveň vám povedia, či reaguje kladne alebo záporne.

1 Medové týždne

Pri formálnej prezentácii (pozri vľavo) mávajú zákazníci na začiatku telo blízko pri stole, v pomerne vzpriamenej polohe – zaujíma ich, čo im chce predávajúci povedať, a sú pripravení mu to umožniť. Využite čo najviac tieto „medové týždne" a vyneste svoju najsilnejšiu kartu – ak si budete budovať pozíciu príliš pomaly, môžete stratiť pozornosť zákazníkov skôr, než im predložíte to hlavné. V niektorých prípadoch prebieha obchodné rokovanie oveľa lepšie, keď sa zasadací poriadok prispôsobí tvaru podkovy, ako ukazuje obrázok na s. 59.

2 Vzďaľovanie

Buďte v strehu, aby ste si všimli aj najmenšie vzďaľovanie od stola: Na obrázku hore Ted sedí uprostred, zdanlivo ho ponuka ešte stále zaujíma, ale už aj vzdialenosť 10 až 20 cm medzi jeho telom a okrajom stola predstavuje potenciálne nebezpečenstvo. Od stola sa značne odtiahol. Nemáte však nijaký dôvod k panike: možno len analyzuje situáciu a rozsah nezáujmu (alebo rozladenie) bude napokon závisieť od mnohých ďalších nenápadných gest *(pozri s. 73 a 75)*.

3 Napodobňovanie šéfa

Na obrázku hore obidve Tedove kolegyne, ktoré sedia vedľa neho napravo a naľavo, robia presne to isté: Napodobňujú reč šéfovho tela ako zrkadlo, čo podriadení niekedy robievajú úplne automaticky. Obe by sa k nemu mohli celkom dobre aj trochu priblížiť.

Reč tela na obrázku by mala predávajúcemu potvrdiť, že Ted je jediným zákazníkom, ktorý tu rozhoduje. Mala by aj naznačiť, že stretnutie zatiaľ neprebieha dobre – Ted a jeho kolegyne sa opierajú chrbtom o stoličky, odťahujú sa od rokovacieho priestoru, ruky majú založené v obrannom geste – a ak predávajúci práve teraz nepovie niečo, čím by znova upútal ich pozornosť, mohlo by rokovanie skrachovať. V takejto delikátnej situácii by však bolo najlepšie posunúť veci vpred. Na protiľahlej strane nájdete návrh na jednu záchrannú stratégiu.

4 Taktika zachraňovania situácie

Len čo ucítite, že vám obchod uniká medzi prstami, a chcete zistiť, kde sa stala chyba, vo všeobecnosti bude lepšie pokračovať, než rokovanie prerušiť. Hovorte ďalej, kým sa nedostanete k najbližšiemu prirodzenému bodu, kde sa dá prestať, a potom povedzte: „Mohol by som vám toho ešte veľa povedať, ale možno, kým budem pokračovať, radi by ste sa vyjadrili k tomu, čo sa už povedalo." Potom si vypočujte námietky, poznačte si ich a spýtajte sa, či sa k nim môžete vrátiť neskôr, keď dokončíte prezentáciu. Skúsenejší obchodník by mohol pokračovať v reči, ale zmenil by jej smer, aby zistil, či sa mu podarí dostať Teda naspäť na svoju stranu. Aby ste to dokázali, musíte mať schopnosť vžiť sa do zákazníkovej mysle, snažiť sa odhaliť miesta, kde možno nesprávne reagujete na jeho potreby, a potom navrhnúť riešenie.

Táto krátka kapitola je určená predovšetkým tým, ktorých práca zahŕňa vystupovanie (sem patrí aj predávanie) pred skupinami zloženými v typickom prípade zo 7 – 10 ľudí, ale príležitostne aj z viacerých. Zameriava sa aj na tých, čo musia z času na čas vstať zo svojej stoličky a obracať sa k poslucháčom. Prospeje vám aj v prípade, že pred sebou máte povinnosť predniesť prejav pri večeri.

Tieto stránky dopĺňajú aj s. 46 – 49, kde venujem pozornosť reči tela pre tých, ktorí majú predávať malým skupinám. Bolo by najlepšie, keby ste mohli čítať obe kapitoly súčasne: porovnania sú dosť zaujímavé.

Ani perfektná technika reči tela (keby to vôbec bolo možné) vám nepomôže lepšie hovoriť a vystupovať na verejnosti, ak trpíte značnou trémou. Neexistuje nijaký návod, ako prekonať sucho v ústach a búšenie srdca, ale môžete si pomôcť starostlivou prípravou: Prečítajte si svoje poznámky toľkokrát, až sa ich naučíte takmer naspamäť. A tesne pred prejavom si skúste vybaviť nejaký príjemný okamih – pokiaľ možno so zavretými očami – aby ste mali jasnú myseľ. Vyvolajte si obraz príjemnej, upokojujúcej scény, napríklad jazera pri západe slnka, s potápajúcimi sa kačicami a občas vyskakujúcimi rybkami.

Prezentácie, prednášky, prejavy

Prednášajúci

Ako ste už možno pochopili, požiadavky sú nemilosrdné. Reč vášho tela musí zotrvať na štandardnej úrovni. Samozrejme, prejav určený väčšiemu publiku je iný než príhovor k jednej osobe. Na týchto dvoch stránkach nájdete niekoľko základných rád, ktoré sa týkajú dobrého i zlého uvedenia vašej osoby v prípade, že stojíte pred publikom a chcete ho osloviť.

Joan

Dobre

Hlavu držíte hore, paže smerujú von, čím vyzývate publikum, aby vás začalo počúvať – preberáte kontrolu nad situáciou. Len čo to urobíte, všetko sa začína. Telo je stredobodom pozornosti a už od samého začiatku sa musíte na poslucháčov obracať celým telom.

Dobre

Určitý pohyb paže zdôrazní úvodné slová a presviedča, že veríte tomu, čo hovoríte, a že sa o to živo zaujímate. Urobíte silný dojem ešte skôr, než poviete jediné slovo.

Nie zle

Pozitívnejšia reč tela: predná strana tela je ešte stále obrátená k publiku, čo vysiela svedectvo o sebadôvere, hoci Joan ukazuje na graf.

Zle

Postoj bez pohybu a prejav prednášaný normálnym konverzačným hlasom vysiela signál „Som nervózna“. Ruky vo vreckách znamenajú nedostatok nadšenia.

Prednášajúci

Ide to z kopca ...

Pohojdávanie

Joan si uvedomila, že by mala byť trochu aktívnejšia, a začína sa pohojdávať na mieste dopredu a dozadu. Len čo s tým začnete, je ťažké skončiť. Poslucháči môžu mať dojem nepoctivosti. V najhoršom prípade môžete vyzerať zmäteno. Ak sa chce Joan dostať z tejto pasce, musí sa začať pohybovať sem a tam a využívať hlas na oživenie dôležitých bodov.

Figový list

Teraz zvádza Joan skutočný boj o udržanie kontroly nad situáciou. Toto nevhodné, často používané gesto reči tela je známe ako „figový list". Nasleduje krátko po hojdavých pohyboch opísaných vľavo. V tomto kontexte by ste mali pravdu, keby ste vysvetľovali „figový list" ako prudký návrat do džungle, kde submisívne a nervózne primáty v snahe upokojiť sa pred dominantnými typmi robili gestá, ktorými si chránili pohlavné orgány. Chybou podobného typu sú ruky za chrbtom, ktoré svedčia o nedostatku sebadôvery. Je oveľa lepšie, keď necháte ruky voľne visieť pozdĺž bokov a budete nimi príležitostne pohybovať, aby ste zdôraznili jednotlivé body.

Je to čím ďalej horšie ...

Čítanie prednášky

Tu začala Joan čítať svoje poznámky. Vyzerá to, akoby nemala ani tušenie, čo má povedať v najbližšej chvíli. Rečnícky pult s poznámkami by poslucháči nemali vidieť, alebo by to mala byť nanajvýš akási barlička, ktorú v skutočnosti nepotrebujete. Z obrázku môžete nadobudnúť dojem, že tým najdôležitejším v sále je napísaná prednáška na rečníckom pulte. Najlepší spôsob, ako sa vyhnúť takémuto katastrofálnemu scenáru, je naučiť sa svoj text naspamäť, aby sa ústredným motívom nestala znalosť toho, čo práve treba povedať. Tým sa uvoľníte a budete sa môcť sústrediť na maximálny výkon.

Krach

Na tomto obrázku sa Joan pokúša o uvoľnenejšiu pózu a opiera sa o rečnícky pult, na ktorom leží prednáška. No skôr ako uvoľnená žena, ktorá má situáciu pod kontrolou, vyzerá nedbalo, možno dokonca neporiadne a žalostne. A čo sa stane, ak pult neunesie jej hmotnosť?

Prednášajúci

Teraz kráča Joan katastrofe priamo v ústrety – ale nakoniec sa jej predsa len podarí situáciu zachrániť. Práve tak, ako potrebuje opraviť reč tela, musí zmeniť aj tón hlasu a snažiť sa, aby mala hlas čo najbohatší.

Ak musíte používať premietačku, pripravte si materiál tak, aby ste mohli premietať rýchle a plynulo. Poslucháči sa až príliš rýchlo unavia, keď je výmena obrázkov pomalá a neporiadna.

Katastrofa

Joan mala pri prednáške malý ohlas v publiku, a preto pre inšpiráciu uprela pohľad na obrazovku s grafom. Jej hlas stratil iskru a znie, akoby svoj preslov čítala.

Je to stratené

Postupné predvádzanie gest, keď sa ruka dotýka ucha a tváre, dáva tušiť, že Joan zastiera skutočnosť, aký boj zvádza, aby myslela logicky, a že pochybuje o tom, čo hovorí. Keď majú rečníci ťažkosti, často používajú tieto gestá, pri ktorých striedajú dotyk na uchu a tvári.

Zmŕtvychvstanie

Joan má jedinú príležitosť, ako aspoň trochu zlepšiť najhoršiu prezentáciu vo svojom živote. Mala by si pozorne prezrieť poslucháčov, aby našla niekoho, kto prikývne, keď sa ich pohľady stretnú. Aj keď si prednášajúci počína veľmi zle, obyčajne sa nájde verná duša, ktorá bude súhlasiť s obsahom jej reči, ktorej sa bude zdať všetko zaujímavé a bude si želať jej úspech – takíto poslucháči by sedeli naozaj ako prikutí, keby Joanin prejav nebol taký príšerný. Teraz by Joan mala venovať prezentáciu práve im a na ostatných poslucháčov zabudnúť. Ak budú reagovať kladne – čo sa stáva často – bude to ten čarovný prútik, ktorý jej pomôže dostať sa späť na cestu, po ktorej sa za ňou vydá celá skupina.

Poslucháči

Dokonca aj prvotriedna prezentácia sa môže pokaziť, keď sú stoličky rozmiestnené tak, že to je poslucháčom aj rečníkovi nepríjemné. Bežnou chybou býva, keď rečník stojí príliš blízko pri publiku: navzájom si cudzí ľudia upadajú do rozpakov a sú nesvoji, ak sa im narušil ich priestor *(pozri s. 18)*.

Oslavy spojené s prejavom

Rady na týchto stránkach sa dobre hodia pre rečníkov na oslavách, recepciách či banketoch. Samozrejme, za predpokladu, že sa nemusíte obávať blízkosti osôb, ktoré sedia vedľa vás. Potom sa budete cítiť veľmi príjemne a nenastanú nijaké ťažkosti s narušovaním teritória. No pre vás môže byť oveľa väčšou výzvou stáť tvárou v tvár malému publiku než veľkému, lebo potom sa váš prejav bude ponášať skôr na rozhovor než na prednášku. Poslucháčov by ste mali oslovovať jednotlivo, aby boli skôr účastníkmi rozhovoru než pasívnou skupinkou. Venujte jednu či dve sekundy kontaktu očí s každou zúčastnenou osobou a ďalších približne päť sekúnd ich postupnému oslovovaniu, nemajte však upretý pohľad. Musíte mať veľmi dobre vyvinutý zmysel na odhad času. Počítajte s tichými odpoveďami poslucháčov na jednotlivé body prejavu.

Rozsadenie v štýle bistra

Pri okrúhlych stoloch, kde okolo každého sedí približne šesť osôb, sa poslucháči cítia oveľa voľnejšie než v rovných radoch, čo sa zase často kladne odzrkadľuje v reakcii na rečníkov prejav. Toto usporiadanie však môže vzbudiť v poslucháčoch teritoriálne pocity. Môžu sa spojiť dohromady ako tímy a provokovať rečníka – alebo s ním súťažiť – rovnako ako s ľuďmi pri susednom stole.

Rozsadenie do tvaru podkovy

Nie je náhoda, že pri prezentáciách malého a stredného rozsahu sa tak často používa „podkova". Rečník môže vstúpiť do vnútorného priestoru, aby dosiahol užší kontakt s poslucháčmi, ale pritom nenarúša ich osobný priestor – sú v bezpečí na druhej strane stola. Rečník však musí skupinu stále oslovovať a využívať pritom „metódu majáka" (dole), lebo ináč by sa niektorí poslucháči cítili vyradení. Tento zasadací poriadok často spôsobí, že rečník dostáva veľa otázok, dokonca diskutuje, lebo každý poslucháč vidí na všetkých ostatných, a tak sa cíti vtiahnutý do diania.

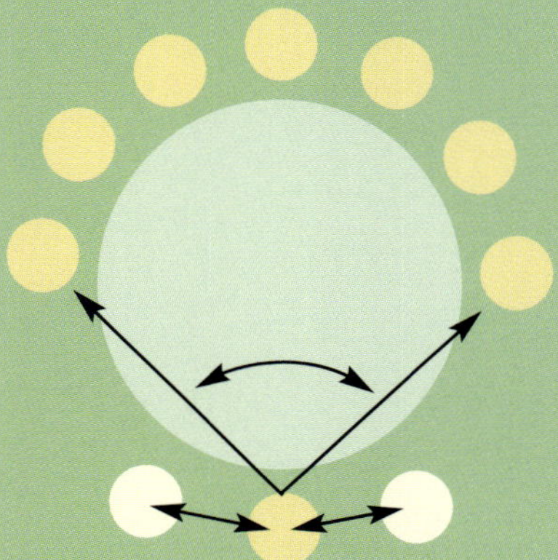

Metóda majáka

Základom je: natáčajte telo raz doprava, raz doľava a zase naspäť, a pritom sa očami kontaktujte s čo najväčším počtom poslucháčov – najlepšie s každým z nich. Súčasne prechádzajte z miesta na miesto.

V časovej tiesni je ťažké sústrediť sa na obchodnú taktiku a súčasne pozorne sledovať reč tela protistrany. V tejto kapitole sa hovorí o vôbec najvýznamnejších situáciách, v ktorých musí človek obstáť: úvodné rokovanie sa skončilo a pred vami je návrh či dohoda, ktorá sa musí uzavrieť, alebo spor, ktorý sa musí vyriešiť. A pritom sú to často preteky s časom.

Nikoho neprekvapí, že tí, ktorí patria k špičke úspešných vyjednávačov, sa za takýchto podmienok pokúšajú získať každú, aj tú najmenšiu výhodu. Nenavrhujem, aby ste nosili tmavé okuliare, aby vám protistrana nevidela do očí – existuje oveľa jednoduchšia možnosť, ktorú pri obchodných veciach, ktoré sa majú pohnúť dopredu, bežne využíva čoraz viac ľudí. Vezmite si so sebou niekoho, kto bude sledovať reč tela protistrany.

Scenár opísaný na s. 72 – 75 vychádza zo situácie v skutočnom živote, ktorú som osobne prežil ako pozorovateľ reči tela.

Mnohé situácie v živote – dokonca aj v osobnom – treba rozdebatovať. Skôr než začnete diskutovať, mali by ste si ujasniť, čo vlastne chcete dosiahnuť, ako ďaleko ste ochotní zájsť v prípade kompromisu. Ak pomocou znalosti reči tela nahliadnete do stratégie protivníka, tým lepšie.

Rokovanie

Desatoro každého vyjednávača

Existuje len málo miest, ktoré by boli také citlivé a plné napätia ako rokovací stôl. Dalo by sa povedať, že práve tu má reč tela najväčší význam. Oči a (predovšetkým) ruky vašich oponentov vám z toho, čo o nich potrebujete vedieť, povedia oveľa viac než slová. Celý obchod, a napokon aj vaša existencia, môžu závisieť od toho, ako interpretujete gestá. Samozrejme, nejde len o posudzovanie oponentov – reč vášho vlastného tela toho môže prezradiť oveľa viac, než si uvedomujete. Ak budete vyzerať príliš uvoľnene, vzbudíte dojem, že vám chýba profesionálny prístup, alebo, na dru-

To nie je presne to, čo chcem

Zvieranie alebo zatínanie pästí znamená buď frustráciu, alebo negatívny postoj k práve predloženej ponuke.

Poznám svoju rolu

Sústredený, priamy pohľad, ruky pokojne v lone, hlava troška naklonená nabok v miernej výzve: to všetko hovorí o obrovskej sebadôvere. Ak teraz tento človek spojí ruky do špičky, zmienený dojem sa ešte posilní.

hej strane, že sa usilujete priveľmi blufovať, ako máte všetko pod kontrolou.

Je ľahké skĺznuť do zlej reči tela, preto si dávajte pozor na gestá. Uvedomelé držanie tela zvýši vaše sústredenie na maximum – sadnite si rovno, uvoľnite plecia, ruky držte tak, aby na ne protistrana nevidela a nezamestnávajte ich prípadnými predmetmi na rozptýlenie, ako sú napríklad perá. Ak vediete rokovanie telefonicky, platí rovnaký návod, lebo také veci, ako je zlé držanie tela alebo nepozornosť, sa dajú vyčítať z hlasu, najmä ak je na druhej strane skúsený vyjednávač. Možno zistíte, že je lepšie pri rokovaní stáť.

Schôdzka sa v podstate skončila

Strácali by ste čas, keby ste sa usilovali tohto vyjednávača presvedčiť o čomkoľvek. Má takú uvoľnenú polohu, že jeho držanie tela sa dostalo až na pokraj neformálnosti. V jeho pohľade je náznak ľútosti. Spojené ruky s viditeľnými palcami, ktoré smerujú hore, vysielajú tú istú správu.

Nesmiem to prehrať

Škrabkanie po zátylku napovedá, že dotyčný sa pokúša získať kontrolu nad negatívnymi pocitmi ohľadne predloženej ponuky alebo dosiahnutej pozície.

Desatoro každého vyjednávača

Pri pohľade na túto i predchádzajúcu dvojstranu majte, prosím, na mysli moje varovanie, aby ste príliš slepo neprijímali gestá reči tela, ktoré vnímate izolovane *(pozri s. 14)*.

Vizualizácia

Tento vyjednávač si znova v duchu prehráva prežitý dej. Pohybuje sa dopredu a dozadu a pritom „vidí“, čo sa už raz stalo.

Je lepšie brať to vážne

Ak si protivník pomaly hladká bradu, dáva to tušiť, že starostlivo zvažuje vaše myšlienky.

Je to pre mňa strata času

Ak si druhá strana oprie hlavu o palec skrytý v dlani, znamená to, že ste ju zunovali a že by to s rokovaním mohlo ísť rýchlo z kopca.

Čože?!

Ak osoba, s ktorou rokujete, niekoľkokrát po seba zažmurká, môže to znamenať šok, alebo že nechce počuť, čo ste práve vyslovili.

Na vlastnú zodpovednosť

Protivník zatvorí na niekoľko sekúnd oči, skloní hlavu, jeho dych počuť. Všetko odhaľuje jeho obavy z rozhodnutia, ktoré sa práve chystá. Potom by mohlo nasledovať...

... Potrebujem čas na rozmyslenie

Keď na vás pozrie, možno aj s úsmevom, dostal asi nejaký vynikajúci nápad, ktorý mu už niekedy v minulosti pomohol dostať sa z ťažkostí. To by znamenalo, že rozhodnutie odloží na neskôr.

Krízové situácie v rokovaní

John a Chris sa zišli, aby prerokovali konečnú cenu novej veľkej zmluvy. John už čosi vie o reči tela a osvojil si niektoré vyzývavé gestá, aby sa pokúsil získať výhodu: sebaisto sa opiera o operadlo stoličky, ruky skrýva za chrbtom a naznačuje tým, že nemá náladu na otvorenú hru. Vyhne sa pokusu nechať sa vtiahnuť do nezáväzného rozhovoru o dovolenke, z ktorej sa práve vrátil.

Chris nie je zďaleka taký sebavedomý, nie je si istý, ako to má zahrať, lebo sa mu pred schôdzkou nepodarilo pohovoriť si so šéfom o tom, na akú najnižšiu cenu môže u tohto nového zákazníka pristúpiť.

1 Neústupnosť

John posilňuje svoju výhodu tým, že pozerá do svojich poznámok, keď hovorí, čím sa vyhýba kontaktu očí s Chrisom. Chladne oznamuje, že Chris nebude spokojný s cenou, a vysloví veľmi nízku sumu.

2 Odhadnutie protivníka

John sa kradmo pozrie na Chrisa, aby posúdil jeho reakciu. Chris si ďalej opiera ruku o tvár, ukazováčik smeruje hore. John to vníma ako znamenie, že ponuka je podrobená analýze – avšak nie nevyhnutne s úspechom. John si urobí záver, že Chris ten obchod potrebuje tak veľmi, že priamo neodriekne – čo je prijateľný odhad, nakoniec sa však ukáže, že nesprávny.

3 Získanie času

Chris teraz povie, že verí, že John môže ponúknuť niečo lepšie, ale keď to hovorí, John si všimne, že Chris si postupne siaha rukou na tvár a zátylok, čo naznačuje, že sa necíti príjemne a nie je si istý. Nato John znova vysloví svoju ponuku, a to veľmi dôrazným, monotónnym hlasom – čo býva v takýchto situáciách úplná „bomba“. Tento postup vysiela nevyslovený postoj, že John je úplne neoblomný, nech si Chris hovorí čokoľvek. Dominantné postavenie ešte posilňuje upretým pohľadom na čelo protivníka *(pozri s. 91)* a tým, že žmurká menej často, čo zdôrazňuje „nebojácnosť“ jeho pohľadu (dole).

Chris sa teraz cíti tak nepríjemne, že sa rozhodne získať čas. Navrhne, aby si dali pätnásťminútovú prestávku, počas ktorej zatelefonuje do kancelárie a zistí, či môže ísť s cenou až tak nízko, a to v prípade, že by John dodal tovar lacno vo voľne uloženom stave.

4 Koniec blufovania

Chris sa vrátil od telefónu. Šéf mu povedal, že má obchod radšej odmietnuť, než pristúpiť na takú nízku cenu. Výsledkom je, že sa Chrisovi trochu vrátilo sebavedomie – dobré hoci len na to, aby vedel, na čom je.

Nevdojak sa to odráža aj na reči jeho tela: necíti sa síce práve najlepšie, ale celkovo je teraz pomerne pokojný a pevný. Kontroluje svoj hlas a nestará sa o kontakt očí, keď pokojne vyhlási: „Ľutujem, ale toto nepôjde."

Krízové situácie v rokovaní

5 Chris prerazil lepšou taktikou

John zatvára oči, skláňa hlavu a ticho si povzdychne. To všetko sú neklamné znaky podráždenia, ktoré si nemôže vybiť na Chrisovi, ktorý teraz chladne trvá na tom, že ak John ten tovar chce, bude musieť ísť s cenou hore a objednať si ho oveľa viac, aby sa mohli dohodnúť na rozumnej cene.

6 Johnova reakcia

Keď John pripustí, že by možno mohol prehodnotiť svoju ponuku, reč jeho tela je zjavne upätá, uzavretá. V inom kontexte by prepletené prsty mohli znamenať tvrdohlavé odmietnutie počúvať, ale tu majú v podstate rovnaký význam ako paže založené v obrannom postoji na prsiach. John aj mierne zdvihol plecia, čo je ďalší znak, že chce z tejto situácie vycúvať.

7 Späť vo svojej role

I keď je John dosť podráždený, všimne si, že Chris si rýchlo šúcha ruky, čo svedčí o príjemnom pocite zadosťučinenia alebo očakávania. Chrisovi sa zjavne uľavilo, že už je zase vo svojej role. Mimochodom, stisk alebo pomalé šúchanie rúk by svedčili o Chrisovej domnienke, že v rokovaní získava rozhodujúcu úlohu – čo v tomto prípade nie je pravda.

Rokovanie v skupinách

Veľké, zložité zákazky často dohodujú tímy zložené z niekoľkých členov, z ktorých každý zodpovedá za jednu stránku zákazky – finančnú, technickú atď. Moderne riadené organizácie vysielajú na rokovania čím ďalej častejšie aj špecialistu na reč tela. Podstata jeho práce spočíva v tom, že odhaľuje, kto zo zástupcov protistrany je ten hlavný, od ktorého závisí rozhodnutie. Reakcie tejto osoby môžu byť nenápadné a sotva badateľné, sú však často kľúčom k pochopeniu, ako veci v skutočnosti vyzerajú, a zriedka sú zjavné na prvý pohľad, lebo skúsení vyjednávači sa usilujú skrývať svoje pravé pocity, čím vzbudzujú dojem, že veci sú zložitejšie, než očakávali.

1 Magnastruct v Baker Chemicals

Tím podniku Magnastruct má niekoľko členov, medzi ktorých patrí odborník na reč tela Ted. Magnastruct je stavebná spoločnosť, ktorá bola vybraná, aby postavila nové laboratórium pre firmu Baker Chemicals – za predpokladu, že bude možné dohodnúť sa na podmienkach. Aj tím podniku Baker Chemicals má niekoľko členov, ale jediný z nich, kto je pri tomto rokovaní dôležitý, je John, ktorý je nielen hlavným podielnikom, ale aj finančným riaditeľom a mužom, ktorý rozhoduje. Ted z neho nespúšťa oči.

2 O pol hodiny neskôr ...

Ted správne predpokladá, že John je tou osobou, ktorá rozhoduje. Kým ide všetko hladko, rozhliada sa okolo seba a rozdáva uvoľnené úsmevy. No len čo sa dostanú k téme, kde to viazne, alebo ak je nespokojný s tým, ako sa niekto predvádza, sklopí oči na stôl a vyhýba sa kontaktu očí s kýmkoľvek zo svojho tímu. V skutočnosti to znamená, že opúšťa schôdzu, aby zvážil možné dôsledky. Ďalším znamením by mohlo byť, že John rýchlo pohybuje s niečím na stole, napríklad s pohárom vody. Jeho tím potom spomalí, akoby mu jeho spolupracovníci dávali čas, aby si veci premyslel.

3 Prestávka na kávu

Ted hovorí svojmu tímu, že pri návrhu Magnastructu, aby sa zložila záloha 10 percent z celkovej ceny pred začatím práce, sa John nepozrel bokom, ani nesklopil zrak. Jeho podriadení sa veľmi uvoľnili a John sa na stoličke posunul dopredu (hore). Niekoľkokrát po sebe aj zažmurkal: v inom kontexte by to pravdepodobne znamenalo nedôveru, v tomto prípade len jednoducho vyjadril príjemné prekvapenie. Ted by sa stavil, že zástupcovia Baker Chemicals asi očakávali, že zložia vyššiu zálohu.

Rokovanie v skupinách

4 Ide do tuhého

Na obrázku dole sa diskutuje o konečnej platbe. Magnastruct chce mať zaplatené všetko, len čo dokončí prácu, pričom v zmluve je klauzula, ktorá tento podnik zaväzuje vyriešiť bez akýchkoľvek ďalších poplatkov začiatočné ťažkosti, ktoré sa prípadne vyskytnú do šiestich mesiacov od dátumu dokončenia.

Ted si všíma, že počas tejto výmeny názorov sa John a ostatní z tímu Baker Chemicals veľmi mierne odťahujú od stola a vyhýbajú sa vzájomnému kontaktu očí, čo dáva tušiť, že túto otázku podrobne prediskutovali ešte pred začiatkom rokovania. Sú pevne rozhodnutí nesúhlasiť s konečnou platbou, kým laboratórium nebude úplne vybavené a odovzdané do prevádzky.

Pri obede Ted hovorí so svojím tímom. Neverí, že by zástupcovia Baker Chemicals zmenili názor a že teda oni sami by urobili najlepšie, keby sa pokúsili o kompenzáciu požiadaním o zloženie väčšej zálohy.

5 Po obede

Vyjednávači podniku Baker Chemicals sú stále neoblomní pokiaľ ide o konečné zaplatenie a zdá sa, že sa pokúšajú unaviť tím Magnastructu nepodstatnou diskusiou o inšpekcii prác. Jeden z tímu dokonca prestane na chvíľu dávať pozor. Tím podniku Magnastruct sa znova unavene usiluje vyriešiť problém s termínom zaplatenia a hovorí, že ak sa má konečná transakcia zdržať až dovtedy, kým bude laboratórium v prevádzke, žiadajú zálohu až 40 percent.

6 „Presne to som si myslel“

Ted si všíma, že sa Johnovi napínajú svaly okolo úst (hore). Hlavu má mierne zdvihnutú, pohľad s náznakom irónie. Teraz sa zhlboka nadýchne: všetko svedčí o tom, že tento posun je presne to, čo predpokladal. Vedúci tímu Baker Chemicals vysvetľuje, že 40 percent je nereálna predstava, a ponúkne 30 percent. Zdá sa, že jeho skupina trvá na tejto požiadavke, ale Ted svojmu tímu poradil, že sa majú jednať na 40 percent, lebo si je celkom istý, že protistrana celý čas očakávala, že zaplatí zálohu v tejto výške.

John sa o chvíľu prisunul bližšie k stolu, dlane otvorené, tvár zdvihnutú. Jeho hlavný vyjednávač na neho vrhá posledné pohľady: to všetko sú signály, že John chce rokovanie ukončiť a získať podpísanú zmluvu vychádzajúcu z predbežnej zálohy 40 percent a z doplatku, keď bude laboratórium úplne prevádzkyschopné.

Prijímacie pohovory sú vykonštruované situácie: krátke, intenzívne časové úseky nadväzovania známostí, ktoré môžu viesť k dlhodobým záväzkom na obidvoch stranách. Je prirodzené, že uchádzači sa chcú predviesť v čo najlepšom svetle, a tí skúsení sú do značnej miery schopní predstierať, že sú presne také, ako si skúšajúci želá – bez ohľadu na to, či sa v skutočnosti aspoň zďaleka hodia na príslušnú prácu. A naopak, najvhodnejší kandidát môže mať pri pohovore zlé výsledky.

Je podstatné, aby ste v úlohe človeka kladúceho otázky vedeli preniknúť cez masku osoby, ktorá je pred vami. Najúčinnejším spôsobom, ako to urobiť, je sledovať, ako vaše otázky pôsobia, pravda, zároveň so znalosťou reči tela.

Ak máte odpovedať na otázky, musíte sa naučiť vysielať o sebe kladné signály, čiže pestovať dobrú reč tela – a samozrejme, nevyvolávať negatívny dojem tým, že budete neprestajne sledovať, či vaše telo nevysiela zlé signály.

Nech už budete sedieť na ktorejkoľvek strane stola, táto krátka kapitola vám ponúkne niekoľko tipov.

Možno si predstavujete, že zohnať si prácu si vyžaduje správnu kombináciu skúseností, pracovných zručností a osobných vlastností – a čiastočne to tak je. Ale ide aj o to, ako „prerazíte“ na prijímacom pohovore – a v tomto prípade veľmi záleží na reči vášho tela. Ak z vašich pohybov a gest vyžaruje uvoľnená sebadôvera, napoly ste vyhrali.

Pohovory

Zoznam gest pri pohovoroch

V tejto knihe znovu dôrazne varujem pred nebezpečenstvami plynúcimi z izolovaných pohľadov na reč tela *(pozri s. 14)*. Napriek tomu, že to stále opakujem, existujú niektoré situácie, pri ktorých sa na reč vášho tela *bude* pozerať izolovane, či už sa vám to páči, alebo nie: vari najbežnejším príkladom sú prijímacie pohovory.

Ak s vami budú robiť pohovor ako s uchádzačom o prácu, bude reč vášho tela posudzovať úplne cudzia osoba, ktorá o nej bude vedieť málo, alebo vôbec nič. Preto je dôležité, aby ste nechtiac nevysielali negatívne signály.

Príprava

Práve to som mal na mysli, keď som spomenul zoznamy gest dobrej a zlej reči tela, aby som záujemcom poskytol pred pohovorom aspoň rýchlokurz. Prečítajte si ich a osvojte: uvedomte si, že pri prijímacom pohovore vás budú posudzovať podľa reči vášho tela, buď dobrej alebo zlej. Po pohovore na to zabudnite.

Dobrá reč tela

Tieto signály reči tela majú tendenciu, či už správnu alebo zlú, vytvoriť dobrý prvý dojem:

- **presný príchod**
- **uvoľnený úsmev**
- **vyhľadanie kontaktu očí**
- **pevný stisk ruky**
- **gestá rúk na podporu toho, čo hovoríte**
- **vzpriamené držanie tela**
- **telo pri sedení nachýlené dopredu, čo vyjadruje pozornosť**

Rozopnuté gombíky

Uvažujte o drobných detailoch, napríklad či zapnúť alebo rozopnúť sako (vľavo). Vyzerá to príliš neformálne, keď máte postojačky alebo pri chôdzi rozopnuté sako? A keď stojíte, nevyzeráte v zapnutom saku upäto? Sledujte, ako si televízni moderátori stále zapínajú alebo rozopínajú saká, keď sedia alebo stoja. Je to zvyk, ale je vhodné si ho osvojiť.

Príprava na pohovor

Nakloňte sa na stoličke trochu dopredu – bradu hore, ale nie príliš. Prsty držte pri sebe, položené v lone, a nechajte ich smerovať dopredu, nie hore, ale ani dole. Keď to urobíte, vyšlete odkaz: „Mám dosť sebavedomia, a chcem sa pustiť hneď do pohovoru." Buďte však opatrní: ak to preženiete, tak ako v tomto prípade (vpravo), mohlo by to vyvolať v osobe vedúcej pohovor obrannú reakciu, alebo by to dokonca mohlo vyzerať ako hrozba.

Zoznam gest pri pohovoroch

Ruky spojené v obrannom postoji na mieste bránice, výraz úzkosti

Fajčenie

Obhrýzanie ceruzky alebo iných predmetov

Osoba sa roztržito pohráva s rukami, prstami si prehrabúva vlasy

Zlá reč tela

Rozličné gestá reči tela zobrazené vyššie vysielajú rovnaký signál: „Som nervózny“ – práve tak, ako ho vysielajú tieto gestá:

- **pískanie**
- **pohrávanie sa s obsahom vreciek**
- **odkašliavanie**
- **šúchanie rúk**
- **mľaskanie**

Paže založené pred hrudníkom

Brada sklonená dole

Úškľabok so stisnutými perami

Nevľúdny, zachmúrený výraz

Bežný význam vyššie uvedených signálov je: „Cítim neistotu". To isté platí aj o gestách:

- **žmurkanie**
- **odťahovanie sa**
- **dotýkanie sa nosa alebo tváre**
- **uhýbavé pohyby očí**
- **napínanie prstov**
- **škriabanie sa na zátylku**
- **narážanie rukou do dlane druhej ruky**

Vlastný pohovor

Alica túto prácu skutočne chce. Už niekoľko dní pred pohovorom nie je schopná uvoľniť sa. Vedúci pohovoru John to nemôže vedieť. Vidí len, že sa na Alici pri pohovore prejavuje napätie a úzkosť.

Johnov problém spočíva v tom, že musí rozhodnúť, do akej miery vychádza Alicina reč tela z pochopiteľnej nervozity pri pohovore a do akej miery z obranného postoja – v snahe zakryť slabosť. Ak na ňu bude John príliš tvrdý, má menšiu nádej, že zistí, ako to vlastne je.

1 Nervózny začiatok

Alica (hore) vyzerá napäto a defenzívne. Vzpriamené držanie tela s nohami zasunutými pod stoličku, ruky napnuté a dlane zovreté medzi nohami, to sú v reči tela prejavy ťažkostí. V tomto štádiu neexistuje spôsob, ako zistiť, či je len nervózna, alebo má čo skrývať. Johnovou jedinou možnosťou je byť trpezlivý a nechať ju, aby sa prejavila, keď jej to bude vyhovovať. Všimnite si polohu Aliciných nôh (vľavo). Teraz sa pohli trochu dopredu, ale ešte stále sa nervózne tisnú k stoličke.

2 Upokojenie?

Skúsenosť človeka, ktorý vedie prijímacie pohovory, Johna naučila, že má urobiť niečo, čo sa v situáciách, ako je táto, (pozri vpravo) môže javiť ako samozrejmosť. Podáva Alici informačné podklady o spoločnosti, kam by chcela nastúpiť, rozpráva anekdoty z poslednej obchodnej konferencie, z ktorých jedna či dve majú za úlohu ju rozosmiať. Podá jej brožúrku, ktorá ilustruje, na čom sám pracuje, a to tak, že keď si ju Alica berie, musí urobiť pohyb dopredu. Aj takéto malé gesto môže urýchliť proces upokojenia, ak je niekto skutočne nervózny. John by mal teraz dávať pozor, aby videl, či Alicine nohy nechtiac vykĺznu spod stoličky. Ak áno, potvrdilo by to, že sa Alica začína upokojovať.

3 Už je to lepšie

Po niekoľkých minútach si Alica uvedomí, že pohovor je menej desivý, než očakávala (pozri vľavo). Reč jej tela sa v súlade s tým uvoľní. Už netvorí nepriestupnú obrannú bariéru a nohy sa vysunú spod stoličky. Objavili sa dokonca isté prvky napodobňovania: Alica nevedomky kopíruje Johnovu krížom prehodenú nohu, chodidlo mieri dopredu *(pozri s. 35)*. Zatiaľ to vyzerá dobre. Je takmer isté, že jej upätú reč tela spôsobila len nervozita. Čítajte však ďalej.

Vlastný pohovor

4 Rozhovor o vážnych veciach

Len čo John zistí z reči Alicinho tela, že sa začína uvoľňovať, použije štandardnú metódu zmesi otázok, ktorá mu pomôže posúdiť, aká bola Alica úspešná v doterajšom zamestnaní a ako by sa vyrovnala s požiadavkami nového miesta. John začína klásť niektoré špecifické otázky. Chce vedieť, čo urobila Alica na zlepšenie systému kontroly úverov, na ktorom pracovala, ako merala účinnosť svojej práce. Zdá sa, že táto otázka ťala do živého: Alica stiahne nohy dozadu, trochu jej klesne hlava a ruky zloží do pevnejšej bariéry. Všetko svedčí o obrannom postoji a zatajovaní skutočností.

John potrebuje presne vedieť, prečo sa Alica cíti nepríjemne, ale múdro usúdi, že keď už venoval toľko času tomu, aby prinútil Alicu byť otvorenejšou, maril by svoje vlastné zámery, keby ju teraz „pritlačil".

John teda Alicu požiada, aby mu povedala, aké by podľa jej názoru boli najlepšie výsledky dosiahnuté pri riadení jej oddelenia. Nohy sa opäť posunú dopredu a ruky sa uvoľnia. Keď si John vypočuje Alicinu odpoveď, pomerne rýchlo sa rozhodne, že sa na voľné miesto hodí a naznačí to, hoci to nepovie priamo. No ešte prv, než sa stačí reč Alicinho tela zmeniť, vráti sa k otázke kontroly úverov a spýta sa jej, akú úlohu pri tom hrala a aký z toho mala pocit.

5 Pohyby zreničiek

Alica si hryzie spodnú peru a hladká si bradu – obe gestá naznačujú, že sa snaží urovnať si v mysli, čo má povedať. Keď vysvetľuje, ako zle bol tento projekt riadený a ako nesúhlasila s výsledkami, Johna poteší, že sa jej mierne rozšírili zreničky a pohybujú sa zľava doprava a zase naspäť. To je typické pre ľudí, ktorí si vybavujú udalosti tak, ako sa v skutočnosti stali – ich oči ich „vidia" ako obrazy plynúce spolu so slovami. Keď opisuje svoj príbeh, sama ho tým potvrdzuje. Vo všeobecnosti majú zreničky pravákov tendenciu pohybovať sa pri rozprávaní príbehov tak, ako sa stali, zľava doprava, zreničky ľavákov sa pohybujú sprava doľava.

6 Cieľová rovinka

John teraz povie: „No, chápem, prečo si hľadáte nové miesto – myslím, že je to rozumný krok." Reč Alicinho tela začne byť zase otvorená, čo potvrdzuje, že sa celkove upokojila a že ju Johnov názor potešil. Reč jej tela veľmi napodobňuje Johnovo správanie – najmä to platí pre polohu rúk, ktoré mala najprv v lone a potom ich posunula dopredu, ku kolenám. To sú jasné znaky, že Johna uznáva, lebo cíti, že ju posudzuje spravodlivo.

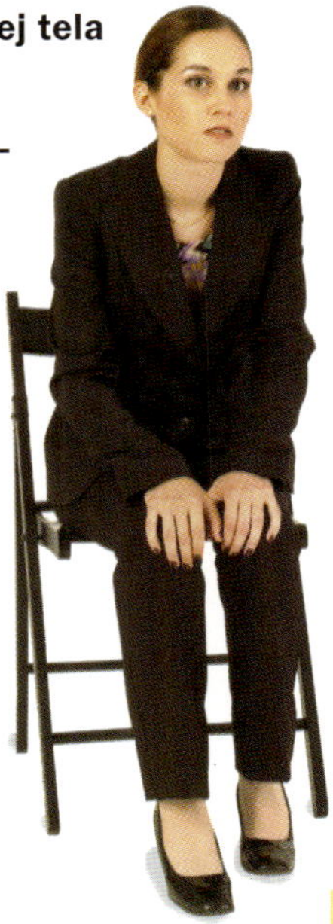

Táto kapitola skúma, ako sa vyrovnávať so stretmi charakterov, ku ktorým môže dochádzať v kancelárskom prostredí – či už pre aroganciu niektorého zo spolupracovníkov, pre úradné záujmy alebo z iných príčin. Ponúkam tipy, ako môžete otupiť dopad zastrašovacích gest, akými sú napríklad škrobené podanie ruky a tvrdé, upreté pohľady. Zameriavam sa tu aj na úskalia, na ktoré naráža šéf v dnešnom modernom veku. Jednostaj musí balansovať medzi povzbudzovaním svojich podriadených a súperením s nimi na jednej strane a udržaním si autority a odstupu na strane druhej. Len čo zájdete príliš ďaleko v jednom smere, vytvoríte priveľmi familiárne vzťahy, ktoré môžu podkopať vaše vlastné postavenie. V opačnom prípade sa vystavujete nebezpečenstvu, že si znepriatelíte svojich pracovníkov.

Nijaká kancelária nie je bezkonfliktovou oázou pokoja. Často tam zúri boj o prežitie toho najschopnejšieho, keď spolu kolegovia súťažia, diskutujú, navzájom si podmínovávajú postavenie a vytláčajú druhého zo stoličky. Ak chcete vo svete práce prežiť a ak sa vám má dobre dariť, musíte sa naučiť zvládať zložité situácie – a aj problémových ľudí. Porozumieť reči ich tela je prvým krokom.

Ako byť asertívny

Znova pánom situácie

Je veľmi pravdepodobné, že sa po celý svoj pracovný život nestretnete s agresívnosťou, konfrontáciou, presilovou hrou a všetkými ostatnými druhmi ľudského správania, vďaka ktorým je život taký pestrý – a to najmä preto, že pracovisko je už podľa definície miesto, kde každodenne vstupujeme do vzájomných vzťahov s úplne cudzími ľuďmi, alebo prinajmenšom s ľuďmi, ktorých sme si nevybrali za priateľov či známych.

Táto kapitola sa zaoberá takou rečou tela, ktorá presadzuje vaše právo zaobchádzať s inými ľuďmi ako rovný s rovným, čiže, čo musíte robiť, ak sa dostanete do konfrontácie s dominantným kolegom alebo s kýmkoľvek, kto je priveľmi sebavedomý, arogantný alebo jednoducho len protivný.

Ak to ohrozuje vašu pozíciu, býva to často celkom samozrejmé. Niekedy však môžu byť prípady narušenia územia veľmi jemné: keď sa niekto napríklad oprie o váš stôl, môže to otriasť vašou autoritou. Prostriedky, ako reagovať na takéto narušenie, sú rovnako jemné. Najskôr vás však musím varovať: tieto postupy vás neprivedú nikam, ak sa budete pokúšať získať výhodu pred neústupčivým, prípadne neokrôchaným vyjednávačom. (Namiesto toho použite úplne odlišnú, ale nemenej účinnú reč tela, o ktorej hovoríme na s. 66 – 71).

Ako rozpoznať problematické typy

Teraz sa pozrieme na tri bežné typy „problematických" osobností: dominantný samec, ševed a drvič kostí.

Dominantný samec

Založené ruky v kombinácii s toporným držaním tela zakloneného dozadu: postoj typický pre vysoko dominantný, cieľavedomý typ.

Vševed

Ruky spojené prstami do špičky smerujúcej dohora prezrádzajú niekoho, kto „to všetko vie". Toto gesto je časté najmä medzi právnikmi a revízormi účtov.

1

2

3

Drvič kostí

Dominantné typy s obľubou podávajú kŕčovito vystretú ruku obrátenou dlaňou dole, a pritom vás „zmrazujú“ upretým pohľadom, ktorým sa na vás dívajú zhora a pritom ani nežmurknú (1). Ak tomu chcete čeliť, vykročte pravou nohou dopredu a pritom uchopte podanú ruku, čím urobíte krátky, prekvapujúci výpad do agresorovej spoločenskej teritoriálnej zóny. Súčasne sa pokúste presunúť podané ruky do vodorovnej polohy tak, aby vaša ruka bola pokiaľ možno nad jeho, takže ju zdvihnete takmer naspäť na úroveň, kde sa podanie začalo. Stisk ruky je teraz neutralizovaný (3). Drvič kostí je vyvedený z konceptu výpadom do svojho osobného priestoru a v neposlednom rade aj tým, že nemôže nič robiť ani proti tomu namietať.

Znova pánom situácie

Nehybný pohľad

Keď sa na vás niekto pozerá zhora nadol ako na obrázku z predchádzajúcej stránky, môžete sa s tým vyrovnať tak, že sa zase vy zahľadíte na neho, na miesta vymedzené trojuholníkom na obrázku hore. Tento „obchodný pohľad" navodzuje vážnu atmosféru a varuje protistranu, že sa s vami nemá zahrávať. Za predpokladu, že váš zrak neskĺzne dolu pod úroveň očí protistrany, udržíte si tento status quo, a teda aj určitú mieru kontroly nad situáciou. Keď sklopíte zrak pod úroveň jeho očí, vyvíja sa spoločenská atmosféra *(pozri s. 34 – 35)* a váš oponent sa môže ľahko pokúsiť opäť prevziať iniciatívu tým, že sa bude vystatovať alebo vyhlasovať niečo, z čoho by mohol mať výhodu on sám.

1

2

3

4

Nesprávajte sa splašene, buďte duševne vyrovnaný

Choďte na nejaký večierok a pozorujte ľudí, ktorí spolu sympatizujú alebo majú rovnaký názor na nejakú tému: uvidíte, že nevedomky navzájom kopírujú svoje gestá. Takto sa vysiela nevyslovený signál: „Súhlasím s tebou, môžeme komunikovať." Pri stretnutí zoči-voči môžete použiť reč vlastného tela na oklamanie problematického kolegu, dostať ho do uvoľneného stavu, keď bude jeho myseľ schopná prijímať vaše názory. Najskôr ignorujte jeho negatívne gestá (1 a 2) a začnite uplatňovať pomalú, pozitívnu reč tela s množstvom očných kontaktov. To by malo postupne jeho negatívne gestá obrúsiť (3 a 4).

Asertívny, či agresívny?

Ak vás nedávno povýšili a chcete si udržať, ako sa dá predpokladať, dobré miesto, bolo by veľmi žiaduce, aby ste sa zbavili takých prejavov reči tela, aké opisujú ďalšie stránky.

V minulosti ste možno videli svojich nadriadených, ako si osvojujú podobné pózy, a možno ste sa aj spytovali sami seba, ako je vôbec možné, že veria efektívnosti podobných „presilových hier" zabalených do ošúchaných fráz. Je smutné, že reč tela tohto druhu až príliš ľahko uplatňujú ľudia, ktorí sú neistí v úlohe novozískanej autority. Môže sa zdať, že je to užitočná pomôcka pri styku s podriadenými, ktorí sa stále čosi drzo vypytujú, alebo s nejakým vyzývavo si pohvizdujúcim výrastkom, ale z dlhodobého pohľadu vám to posilniť autoritu nepomôže.

Agresívny

Ak máte dobrý argument a dokážete ho účinne obhájiť, mal by hovoriť sám za seba. Nemali by ste ho podčiarkovať pri reči agresívnym nakláňaním tela dopredu (hore). Vyvarujte sa aj ukazovaniu prstom: v nijakom prípade to nie je znak autority, hovorí len o tom, že strácate kontrolu nad situáciou, a keď nič iného, pripomína to hru na vojačikov.

Neprístupný

Možno si myslíte, že keď si budete držať ľudí od tela „na dĺžku paže" (hore) – na svojom pracovisku, pri automate na kávu, kdekoľvek – bude to účinný spôsob, ako dať na vedomie zmenu svojho stavu zväčšením rozmerov svojej osobnej zóny *(pozri s. 18)*. V skutočnosti je to jeden z najstarších príkladov taktického manévru, a tak sa naň aj pozerá.

Povýšený

Pohľad „zvrchu" (dolu ponad nos, obr. hore) je vôbec najstarší príklad taktického manévru. Už len bezvýznamný záklon hlavy stačí na vyslanie informácie o neveľmi jemne chápanej nadradenosti. Takéto správanie je veľmi vzdialené tomu, aby vám získalo rešpekt podriadených. Skôr sa stanete terčom posmechu.

Asertívny, či agresívny?

Veľmi zaneprázdnený

Existuje len málo vecí, ktoré človeka dokážu rozladiť viac ako pozvanie na rokovanie k šéfovi, a ten ho nechá čakať pred svojou kanceláriou. Horšie je už len to, ak vás nechá opäť čakať, keď ste už vnútri, zatiaľ čo on, veľký pán, pokračuje vo svojej práci (hore), akoby ste neexistovali. Nerozdávajte podobné rany spolupracovníkom.

Zveličený

Zveličovanie akéhokoľvek gesta môže vyústiť do „presilovej hry" – akoby osoba, na ktorú sa obraciate, bola taká hlúpa, že by to ináč nepochopila. To isté platí o nadmernom potľapkávaní a iných dotykoch (sú tak hlboko podomnou, že potrebujú osobitné ubezpečovanie), o ďalších prejavoch povýšenosti, ako je nadmerné vyhľadávanie kontaktu očí alebo príliš medový tón hlasu.

Otvorene neslušný

Šéf tohto druhu sa obráti na druhú stranu, keď hovorí niekto iný, alebo si možno niekoľko ráz odfrkne, aby sa mu iní pratali z cesty, lebo on sa chce prechádzať hore-dolu. Pyšne si vykračuje, akoby mu všetko patrilo – isté znamenie, že to tak nie je. Pohľad môže mať bezvýrazný, rozhnevaný alebo upretý, telo napäté, ruky vbok, hlavu nakláňa na stranu a oči má prižmúrené.

Presilová hra

V zlých rukách sa môžu stať nástrojom „presilovej hry“ dokonca aj okuliare. Zatiaľ čo podriadený o niečom hovorí, zloží si šéf pomaly okuliare a čistí si ich, alebo z nich sfúkne neviditeľný prach. Potom si ich pomaly zase nasadí na nos a po celý čas uprene hľadí na svoju obeť.

Stav komunikácie

Mohlo by sa zdať nespravodlivé, že niektorí ľudia úplne prirodzene vysielajú pozitívne signály reči tela bez akéhokoľvek úsilia. Spravidla ich pokladáme za charizmatických ľudí. Ich charizma sa prejavuje, len čo vojdú do miestnosti. Obklopuje ich akási aura, hneď na seba pútajú pozornosť a poslucháči ich pozorne sledujú. Stačí, keď sa usmejú, a už vzbudzujú nadšenie a ochotu nasledovať ich. Azda najžiarivejším príkladom takejto osobnosti bol bývalý americký prezident Clinton.

Charizma istotne jestvuje, a domnievam sa, že tu nejde iba o nejakú naučenú taktiku.

Ak sa cítite vo vedúcej úlohe celkom prirodzene a vaše vodcovstvo sa zakladá skôr na nesebeckom želaní podnietiť svojich kolegov, aby svoju prácu robili lepšie, než na obyčajnej snahe získať dominantné postavenie len pre samotné postavenie, potom, podľa môjho názoru, ľudia vycítia, že ste na ich strane.

Zdanie spoľahlivosti

Či už sedíte za svojím písacím stolom alebo za stolom na schôdzi, pevne pritlačte dlane na jeho dosku, ak ste si istí tým, čo práve hovoríte. Robte to namiesto ukazovania prstom alebo iných formálnych gest rukami, aby ste zdôraznili dôležité body rokovania. Je to oveľa výrečnejšie gesto, než si myslíte, a pri hovorení sa ním upokojíte.

Úspešný, nie dominantný

Pre manažérov, ktorí hľadajú spôsob, ako motivovať ľudí, je základným nástrojom vyjadrovanie uznania, ocenenia dobrej práce. Existuje mnoho spôsobov, ako ho prejaviť – ústne aj písomne. Kladne posudzovaná reč tela môže byť mocnou oporou ústne vyjadreného uznania.

Keď hovoríte „Dobrá práca“, tisnite chválenému človeku ruku o trošku dlhšie než zvyčajne. Keď hovoríte „Dopadlo to dobre“ (vpravo), ľahko sa dotknite jeho ramena. Urobte to len vtedy, ak naozaj úprimne cítite, že niekomu chcete zablahoželať. Ak to urobíte preto, aby ste premenili kompliment, ktorý prežívate len čiastočne, na niečo, o čom sa domnievate, že bude pôsobiť „lepšie“, mohlo by sa tomu, komu je pochvala určená, ľahko zdať, že hráte falošne a ste podvodník.

Stav komunikácie

Ak vás nedávno povýšili na veľkého šéfa – alebo dokonca na najvyššie postaveného manažéra vo firme – existuje veľa spôsobov, ako dať pozitívne na vedomie svoje nové postavenie.

Pred podriadenými stojte rovno

Je to samozrejmé, ale aj tak sa nad tým treba zamyslieť. Ak stojíte obrátení čelom k podriadenému, zaujmite vzpriamený postoj, nevyťahujte sa však do pozoru, ani sa nesnažte druhého prevyšovať. Trup držte rovno, nikam sa nenakláňajte. Usmievajte sa naširoko. Kombinácia týchto troch gest, ako ich predvádza John na obrázku hore, pôsobí veľmi pozitívne.

Pozorne vás sledujem

Po chvíli spojí John ruky do tvaru vežičky, prsty ukazujú na Alicu, paže sú zdvihnuté. Týmto gestom hovorí: „Pochybujem o vašich slovách," alebo dokonca: „Cítim sa voči vám nadradený, povýšený, lepší." Keby prsty tvorili vežičku, ktorá mieri na Alicu, ale paže by boli nižšie, znamenalo by to: „Nielenže počúvam, ale vás aj pozorne sledujem."

Pri chôdzi

Držte telo vzpriamene a uvoľnene (vpravo). Dovoľte, aby tichý hlas vo vašej hlave šepkal: „Poznám toto miesto ako svoju dlaň", a nie „Je to tu všetko moje odhora až dole".

Buďte vnímaví voči submisívnym gestám

Sledujte, či sa u protistrany neobjaví:

- **nervózne pohrávanie sa s drobnosťami, bezmyšlienkovitá manipulácia s nimi**
- **zakrývanie si úst a očí**
- **zlý kontakt očí**
- **oči sa na okamih zatvárajú**
- **prílišná imitácia vašich gest**
- **sklesnuté držanie tela**
- **tichý, chvejúci sa hlas**
- **previnilý úsmev**
- **skláňanie tela**

Týmito gestami sa môže výrazne prejavovať podriadenosť. Ak spozorujete, že sa tieto gestá objavujú spoločne, v priebehu niekoľkých minút, položte si otázku, či reč vášho tela nie je príliš dominantná. Cíti sa vedľa vás podriadený malý a nervózny? Podriadení by mali byť vo vašej prítomnosti v strehu, ale mali by sa cítiť uvoľnene. Možno sa na nich dívate „zvrchu"... (Ďalšie negatívne spôsoby prístupu z pozície sily *pozri na* s. 92 – 95).

Neprenáhlené gestá

Submisívni ľudia majú rýchle, trhané gestá. Dominantní jedinci sú pravým opakom. Ak vás nedávno povýšili, je pravdepodobné, že ste si ešte neosvojili neprenáhlené gestá, a preto nebude na škodu, keď si budete hovoriť, že máte vo všetkom trochu spomaliť. Ale nerobte to násilne. Nič nesmie vyznieť neprirodzene a vyzerať ako komédia.

Styk s problematickými ľuďmi

Kedy máte urobiť koniec rozpakom a prehrám

Sled gest reči tela na týchto dvoch stranách predstavuje situáciu, ktorú nemôžu vyhrať tí nešťastníci, ktorí sa do nej dostanú. Ak rozoberiete izolovane tieto gestá, každé z nich je dostatočne zlé. Ak prechádzajú plynule jedno do druhého, sú extrémne deprimujúce. To najlepšie, čo môžete urobiť, je neutrálne počúvať a pri prvej príležitosti opustiť miestnosť.

1 Zneužívanie spoločenského postavenia

Chris používa, ako zvyčajne, kancelársky nábytok na hru z pozície sily, čím získava výhodu. Dnes však všetko zhoršuje ďalší problém: Chris má náladu, ktorá sa dá vyjadriť slovami: „Spoločenské postavenie má svoje privilégiá."

Chris

2 Staré zlaté časy

Chris vysvetľuje, že by si želal, aby sa všetko robilo tak ako kedysi, lebo tak sa to robilo dobre. Keď hovorí, posúva sa v kresle dozadu a hovorí smerom do stropu – nie k Alici. Táto kombinácia reči tela znamená extrémnu aroganciu a sebaistotu. To najmúdrejšie, čo by mohla Alica urobiť, je neodpovedať: aj tak by ju nepočul.

3 Prečo mi to hovoríte?

Alica si teraz trúfne vysloviť krátku poznámku. Chrisovo gesto, keď prst jeho ruky smeruje hore a dotýka sa líca, znamená, že ho vôbec nezaujíma, čo hovorí Alica.

4 Človek žije, aby si vybojoval ďalší deň

Alica by urobila najlepšie, keby túto schôdzku pokiaľ možno čo najrýchlejšie ukončila. Mohla by využiť ticho v krátkych intervaloch medzi úsekmi Chrisovej reči, po ktorých nasleduje nič nehovoriace „Správne“ alebo „Aha“. Ak rýchle niečo odpovie, keď sa Chris odmlčí, bude to Chris brať ako potvrdenie svojej dominancie. Potom by mala odísť a odpovedať písomne, v prípade potreby by si mala zaobstarať podporu spolupracovníkov.

Styk s problematickými ľuďmi

V tomto prípade Alica od Chrisa niečo chce, a to zvýšenie platu a väčšiu zodpovednosť. Chris jej to nie je schopný poskytnúť. Z predchádzajúcich stretnutí vie aj to, že Alica sa pri týchto príležitostiach stáva veľmi problematickou osobou – je nielen panovačná, ale aj sa vyhráža. Schôdzky sa vždy skončia v napätom ovzduší a Alica je po nich celé týždne neznesiteľná a málo výkonná. Chris chce predísť tejto situácii tak, že sa správa ako šéf a v tejto pozícii zostane – ale bez hádky.

1 Príprava scény

Chris využil výhodu, že sa stretnutie koná v jeho kancelárii. Postaral sa, aby sedadlo jeho stoličky bolo o trochu vyššie než sedadlo Alicinej stoličky, čím ju odkázal do situácie, že jej telo je nižšie než Chrisovo (obr. dole). Sedí pritom priamo oproti nej, bližšie, než je služobná zóna, ale ešte stále dosť ďaleko od intímnej zóny (pozri s. 19), čím vzbudzuje dojem dostupnosti, zatiaľ čo v skutočnosti si zachováva určitý odstup. Nevyslovený odkaz znie: „Sme tu pre obchodné veci, a city by sa do toho nemali pliesť." Pre Alicu bude ťažké prevziať kontrolu nad situáciou.

2 Prevziať kontrolu nad situáciou

Chris má situáciu stále pod kontrolou. Čiastočne si chráni telo pažami, nakláňaním dozadu do operadla ho Alici priamo vystavuje, čím vysiela signál, že sa vo svojom dominantnom postavení cíti dobre a bezpečne (vpravo).

Ak sa chce Alica vymaniť, musí si nájsť nejakú výhovorku a požiadať Chrisa, aby sa zišli neskôr, pokiaľ možno na neutrálnejšom území. Potrebuje vzbudiť dojem, že spolupracuje, no v skutočnosti sa usiluje šéfa zlomiť.

3 Udržanie pozície

Chris môže svoj pocit, že je pánom situácie, posilniť občasným pohľadom cez horný okraj okuliarov (vľavo), čím zdôrazní účinok pohľadu z výšky dole a donúti tak Alicu, aby pocítila, že je v nižšom, podriadenom postavení. Jeho zrak by sa mal upierať buď medzi Alicine oči *(pozri s. 90)*, alebo by mal udržiavať priamy kontakt s jej očami. Vyšle tak správu: „Nie som nervózny ani z teba, ani z tejto situácie."

Pravda je vzácny tovar, a ja si ani v najmenšom neželám degradovať ju. Nedá sa však poprieť, že šetriť pravdou na pracovisku je každodenná nevyhnutnosť. Niekedy však môžu byť pravdivé rozhovory vyslovene zakázané: napríklad, keď určitá spoločnosť vedie tajné rokovanie o kúpe inej spoločnosti. Ak by sa správa dostala von, mohlo by to ovplyvniť ceny na trhu s cennými papiermi. V iných prípadoch to jednoducho nie je vhodné: keby ste priznali, že hľadáte pre svoju organizáciu nový pozemok veľmi ďaleko od terajšieho miesta, mohlo by to, kým sa tento problém nevyrieši, ohroziť pokoj všetkých pracovníkov.

Keď už musíte klamať, postarajte sa, aby ste robili čo najlepšie. Táto kapitola sa začína dvojstranou, ktorá vás upozorní na to, aká je reč tela iných ľudí v prípade, keď vy sami nie ste celkom úprimní. Ďalej pokračuje opisom umenia dobre klamať.

Pochybnosti, nedôvera a lži

Pochybnosti a nedôvera

Nasledujúci text informuje o tom, ako zistiť, keď si niekto o vás myslí, že klamete. (Ak chcete zistiť, ako najlepšie maskovať svoje vlastné nepravdy, pozrite si s. 110 – 113.)

Na fotografiách hovorí Alex svojmu podriadenému Bobovi, že chce projekt, o ktorom sa rokuje. Začne tým, že nadsadí sumu disponibilných peňazí, a potom pokračuje klamaním o tom, koľko času práca zaberie. Bob nemusí svoju nedôveru nijako formulovať: jeho telo to urobí zaňho.

1 Skutočne?

Pozrite sa na Bobovu reakciu (hore). Kombinácia toho, že sa opiera o operadlo, má nohu prehodenú cez nohu a založené ruky, svedčí o tom, že pociťuje mierne pochybnosti. (Nezamieňajte túto reč tela s gestom zo s. 24, ktoré vyjadruje stratu záujmu alebo znechutenie nad tým, čo počuje.) Oba typy gest sú si do značnej miery podobné. Kľúčový rozdiel je v tom, že tu nie je hlava sklonená, ani si ju poslucháč nepodopiera.

2 Chladný pohľad cez plece

Ak po úvodnom geste reči tela Bob zľahka zníži jedno plece (dole), pravdepodobne naznačuje, že sa jeho mierne pochybnosti začínajú meniť na nudu.

Ruka sa dotýka tváre

Celú reč tela treba chápať v kontexte – najmä gestá, keď sa ruka dotýka tváre. Ak ich vnímate izolovane, môžete si byť pomerní istí, čo znamenajú: poslucháč má nejakú negatívnu myšlienku. Problém je len posúdiť, nakoľko negatívnu. Niekedy takéto gestá prezrádzajú len osobnú a prchavú obavu či predtuchu, ale v kontexte vývoja reči tela sledovanej na protiľahlej strane prezrádza pohyb Bobovej ruky k tvári (vľavo) oveľa viac nedôveru. Na ďalších stranách sú tieto pohyby čím ďalej nervóznejšie a súčasne si aj pozorovateľ čím ďalej jasnejšie uvedomuje, že Bob je vyvedený z miery.

3 Nevidíme nič zlé

Teraz Alex prekvapí Boba zveličene optimistickou predpoveďou obchodu. Bobovu odpoveď vidíte vpravo: niekoľko veľmi rýchlych žmurknutí, trvajúcich vari menej než sekundu, ukazuje, že Bob nevie tak celkom stráviť všetko, čo počuje. Ťažko si to všimnete bez praxe a takúto mimiku zaznamenáte vždy lepšie, ak je sledovaná osoba obrátená tvárou k svetlu.

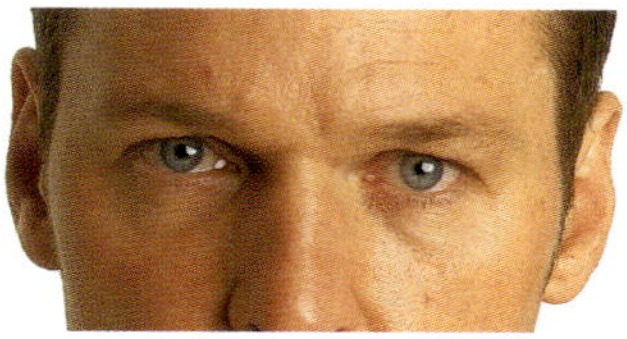

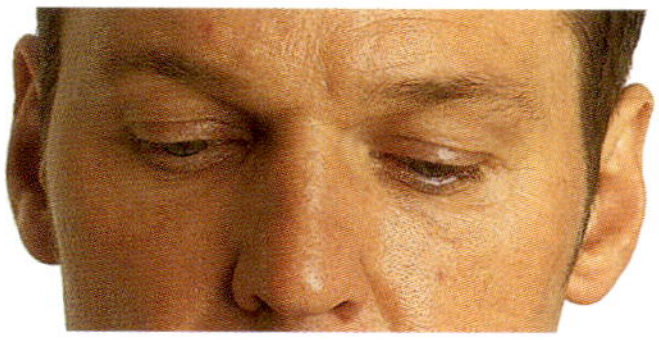

Pochybnosti a nedôvera

4 Nepočujeme nič zlé

Teraz hovorí Alex jednu nehoráznu lož za druhou. Bob reaguje rýchlymi drobnými pohybmi, pri ktorých sa škriabe pod okom, trie si kožu na čele a potom ušný lalôčik (vpravo). Mohol by si aj šúchať nos, zakrývať ústa, alebo si poťahovať golier na košeli (vpravo dole). Takéto gestá pomáhajú zahnať takmer nepostrehnuteľné svrbenie alebo pocit nepohodlia spôsobený krvou, ktorá sa dostáva bližšie k povrchu kože, alebo možno aj zvýšeným potením. To sú fyzické reakcie Bobovho tela na vnútorný boj medzi snahou byť zdvorilý k svojmu šéfovi a tým, že neverí jeho slovám. Dotyk na ušnom lalôčiku vysiela signál: „Toto nechcem počuť.“

Zobrazené gestá sú zámerne nadsadené, aby reč tela bola zreteľná. V skutočnosti sú samozrejme oveľa jemnejšie a prchavé a je takmer nemožné zachytiť ich na filme.

5 Tvárou tvár faktom

Len čo nadíde chvíľa, keď sa Bob musí pozrieť Alexovi do tváre, bude mať Bob pravdepodobne oči privretejšie než normálne. Nevyslovený signál znie: „Nechcem vidieť to, čo vidím."

Zhoda gest a slov

Zhoda *(pozri aj s. 23)* hrá kľúčovú úlohu, keď sa snažíte odhaliť klamára, alebo ak chcete zastrieť vlastné lži. Klamár by napríklad mohol roztiahnuť ruky v geste „ver mi", ale prezradí sa signálom opačného významu, hoci aj tým, že nie je schopný udržať kontakt očí, alebo z neho môže jednoducho vyžarovať prílišná snaha druhého „prekabátiť". Koho by ste podozrievali zo lži vy: niekoho, kto sa vyhýba pohľadu do očí, alebo toho, kto vám do nich uprene hľadí príliš dlho?

Naučte sa klamať

Klamať nie je ľahké. Keď klamete, nervový systém uvedie do činnosti najrôznejšie samovoľné nekontrolovateľné signály: červenanie, potenie dlaní, sucho v ústach, svrbenie na nose a v hrdle. Skrývať takéto signály je samo osebe umením a vyžaduje si veľkú prax. Neskúsených klamárov môžete odhaliť podľa nezvyčajných prejavov v spôsobe ich reči: napríklad podľa spomalenej reči, odpovedaní až po odmlke a všeobecne podľa nedostatku spontánnosti. Môžu sa tiež vyhýbať používaniu prvej osoby, ako keby sa usilovali svoj podvod odosobniť. Skúsenejší klamári vedia obyčajne viac trikov.

Ako vie väčšina ľudí, najlepším spôsobom, ako klamať, je držať sa pokiaľ možno dôsledne čo najväčšieho množstva prvkov pravdy, aby sa minimalizovali príznaky klamania a bolo jednoduchšie udržať slová a reč tela vo vzájomnej zhode. Čím menšia je lož, tým väčšia je pravdepodobnosť, že úspešne prejde.

Najhoršími klamármi sú ľudia, ktorí sa snažia presvedčiť poslucháčov o správnosti svojich tvrdení používaním určitých signálov reči tela, o ktorých mylne veria, že vzbudzujú dojem čestného konania.

Základná chyba č. 1

***Zámerné pozeranie do očí.* Ako dieťa vás určite často niekto vyzval: „Dívaj sa mi do očí a povedz to ešte raz." Deti, mladiství a mladí dospelí majú tendenciu dívať sa bokom, keď nehovoria úplnú pravdu. Je prirodzené veriť, že keď sa budete niekomu dívať priamo do očí, posilníte dojem čestných úmyslov. No u každého, kto aspoň trochu rozumie reči tela, vzbudíte podozrenie, najmä ak urobíte ešte tú chybu, že nebudete žmurkať.**

Správny spôsob

Vedome sa dívajte skôr na tvár než do zreničiek očí ako dole. V skutočnosti nebudete schopní vyhnúť sa priamemu pohľadu do očí úplne, ale snažte sa, aby to nebolo viac než tri štvrtiny času.

Základná chyba č. 2

Zmeny v hlase. Keď klamete, má hlas tendenciu skĺzavať do bezvýraznosti – preto si myslíte, že kontrolovaním dôrazu a intonácie bude vaša reč znieť presvedčivejšie. Nie je tomu tak. V spojení s upretým pohľadom do očí znamená zmena modulácie hlasu oproti normálu často lož.

Správny spôsob

Vedome si hovorte, že si v reči udržíte pokiaľ možno čo najviac zvyčajných „stúpaní“ a „klesaní“ hlasu.

Základná chyba č. 3

Telo je meravejšie než zvyčajne, či sedíte, alebo stojíte. Je to, akoby telo v úsilí zatajiť skutočnosť stuhlo.

Správny spôsob

Je ťažké radiť, lebo „normálne“ držanie tela každého človeka je značne rozdielne. Ak ste osoba s veľmi čulými pohybmi, usilujte sa čo najviac uvoľniť.

Základná chyba č. 4

Roztržité pohrávanie sa s rukami. Chvíľu máte ruky skryté za chrbtom, v nasledujúcej sekunde vám vkĺznu do vreciek, vzápätí ich vidno, ale prepletú sa s pažami, dlane smerujú dovnútra, hneď nato jednu ruku skryjete. Tieto činnosti vás usvedčujú z klamstva ešte viac, ak sa kombinujú, ako na obr. hore, s gestami, kde sa ruka dotýka tváre – takéto poradie činností sa pri vyslovovaní lži často niekoľkokrát opakuje. (Pozri aj s. 113, kde je viac informácií o úlohe dlaní, keď klamete alebo hovoríte pravdu.)

Správny spôsob

Majte ruky pokojné, pohybujte nimi iba vtedy, ak to potrebujete. Keď ich zopnete, môže to vyzerať, že sa príliš snažíte druhého „dostať“, takže nechajte každú ruku osobitne a buďte zdržanliví v gestách.

Naučte sa klamať

Medzi najlepších klamárov patria politici a právnici: ich hlavná metóda spočíva v tom, že neutralizujú reč svojho tela, takže ich gestá nevyznievajú ani pozitívne, ani negatívne. Skúsení politici vedia, ako na to. Hovoria spôsobom, ktorý je pre nich zdanlivo špecifický: sebaisto, autoritatívne, bez emócií, nikdy im nechýbajú slová. Aby to dosiahli, používajú hlboký monotónny hlas s čo najmenším množstvom pohybov hlavy a tela. Keby sa odstránili slová, vydával by každý takýto rečník tie isté základné zvuky sprevádzané tou istou rečou tela – je to to isté divadlo, bez ohľadu na scenár.

Viac o približovaní ruky k tvári

Keď klamete, nepociťuje nedobrovoľný zmätok alebo svrbenie v tvári iba poslucháč, trpí tým aj ten, čo klame. Tieto typy pohybov vás skutočne prezradia, ľahko sa odhalia, ale ľahko im môžete aj predísť: jednoducho si poviete, že necháte na pokoji tie miesta, ktoré vás „hnevajú". Na obr. hore sú tri ďalšie gestá dotykov tváre, ku ktorým lož núti klamárov.

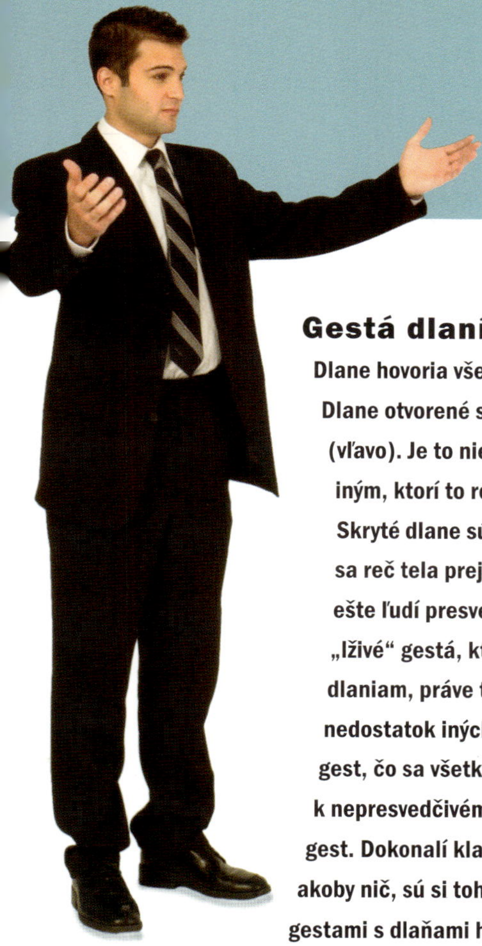

Gestá dlaní

Dlane hovoria všetko. Otvorené dlane symbolizujú otvorenosť a úprimnosť. Dlane otvorené smerom hore hovoria: „Nesiem všetko na svojich pleciach" (vľavo). Je to niečo, čo robíte inštinktívne, a rovnako inštinktívne dôverujete iným, ktorí to robia.

Skryté dlane sú signálom podvodu či lsti. Uvedomte si však, že tak ako vždy sa reč tela prejavuje v skupinách znakov. Obyčajné vystavenie dlaní nemusí ešte ľudí presvedčiť o tom, že hovoríte pravdu. Môžete prehliadnuť ďalšie „lživé" gestá, ktoré budú protirečiť otvoreným dlaniam, práve tak, ako s nimi bude v rozpore nedostatok iných podporných „pravdivých" gest, čo sa všetko pripočítava k nepresvedčivému výslednému súboru gest. Dokonalí klamári, ktorí klamú akoby nič, sú si toho dobre vedomí: gestami s dlaňami hore šetria, lebo vedia, že ak sa dostanú do kombinácie s inými, protichodnými výrazmi reči tela, ako sú napríklad stŕpnutý postoj alebo tlmený hlas, začnú byť poslucháči podozrievaví. Skúsený klamár sa bude usilovať skryť čo najväčšiu časť tela za písací stôl, a na zdôraznenie kľúčových bodov príležitostne využije gestá s dlaňami hore.

Zúžené zreničky

Ani tí najlepší klamári na svete nedokážu zabrániť zužovaniu svojich zreničiek, keď klamú. Ak je to možné, snažte sa, aby vám na tvár nedopadalo svetlo, aby zreničky nebolo dobre vidieť. Skúsení vyjednávači sa často usilujú naaranžovať rozmiestnenie stoličiek tak, aby vám oni videli do očí, ale vy im nie.

Môže sa zdať, že pracovný deň je už za vami, niekedy však zistíte, že ste ešte stále „v službe“: obchodná večera, recepcia, schôdzky rôzneho druhu vrátane pracovných večierkov, to všetko je samozrejmou súčasťou pracovného života – od toho, ako zvládnete tieto „spoločenské udalosti“, závisí vaša kariéra.

V tejto hre môžete lepšie uspieť, keď sa naučíte čítať reč tela, ktorá odhalí, či ľuďom na spoločenskej úrovni vyhovujete – alebo ich dokonca priťahujete.

Povedzme si na rovinu, že prítomnosť alebo neprítomnosť sexuálneho podtextu na schôdzke po pracovnom čase by mohla mať priamy vzťah k tomu, ako sa máte správať, keď sa druhý deň stretnete v istej pracovnej situácii.

Po práci

Otázky spoločenského postavenia

Len čo sa dostanete do novej funkcie, budete často v nepríjemnej situácii, keď sa ocitnete v spoločnosti nejakej zaujímavej alebo vysokopostavenej osoby, na ktorú by ste radi zapôsobili a urobili si u nej meno. Problém je v tom, že neviete, či sa máte chopiť príležitosti hneď teraz, kým máte danú osobu sami pre seba, alebo sa máte snažiť upútať jej pozornosť, keď bude okolo veľa ľudí. Tu je rada, ako máte reagovať podľa signálov reči jej tela.

1 Len pokojne

Pri pozdrave „Dobrý deň" (hore) by Vanessa mala sledovať, čo na to hovorí Johnovo telo. Ak k nej pootočí hlavu, ale jeho trup bude ďalej smerovať ku dverám a cez ne na schôdzku, pravdepodobne to znamená, že ho viac zaujíma dostať sa do miestnosti, kam smeruje, než aby sa na chvíľu zastavil a pozhováral sa s ňou. No ak sa obráti celým telom k Vanesse, s najväčšou pravdepodobnosťou bude prístupný pokusu o nadviazanie bližšieho vzťahu.

2 Naďalej opatrne

John zdvorilo odpovie Vanesse na pozdrav, ale k ničomu sa nezaväzuje. Jeho chodidlá mieria pôvodným smerom, preč od nej, aj keď napoly natočil trup. Vanessa musí odolať pokušeniu veci urýchliť, naopak, musí sa držať vo svojom teritóriu a vyhýbať sa priamemu pohľadu do Johnovej tváre.

3 Strážte si zónu

John, Vanessin nový šéf, obrátil trup priamo k Vanesse a mieria k nej aj špičky oboch nôh. To je dobré znamenie, ale v tomto okamžiku by mala Vanessa zostať pevne stáť na okraji služobnej zóny *(pozri s. 18)*, aby sa tak v ranom štádiu stretnutia nezdalo, že príliš túži po kariére.

4 Trošku sa priblížte

Iba v prípade, že John začne hovoriť, by mala Vanessa pristúpiť o kúsok bližšie, cez okraj služobnej zóny, aby získala dobrý očný kontakt *(pozri s. 34)*.

Zladenie pohybov tela a nôh

Reč tela na týchto dvoch stránkach predstavuje otvorenejšie a zreteľnejšie – teda spoločenské – verzie toho, čo sme už videli *(pozri s. 46 a 72)*.

1 Vytváranie skupín

Pri spoločenských udalostiach môže byť zaujímavé pozorovať, v akých uhloch ľudia stoja proti sebe. V západných krajinách, najmä v tej časti sveta, kde sa hovorí po anglicky, majú ľudia, ktorí si nie sú dôverne blízki, vo zvyku stáť v rámci spoločenského styku voči sebe v uhle asi 90°. S najväčšou pravdepodobnosťou budú hovoriť o nejakej všeobecnej téme.

2 Uzatváranie uhla

Ak sa uhol začne zmenšovať, je možné, že hovoriace osoby prechádzajú na dôvernejšiu alebo osobnejšiu tému.

3 Spoločnosť dvoch osôb

Ak je uhol medzi hovoriacimi osobami približne 90°, asi by uvítali, keby sa k nim pripojil niekto tretí. Ak sa uhol zmenší, nebol by príchod tretieho taký vítaný.

4 Uzavretý kruh a osobná zóna

Ak rozhovor získa osobný charakter a je zaujímavý, uvidíte pravdepodobne uzavreté skupiny osôb ako na obr. hore i dole.

Signály fajčiarov

Čítanie týchto signálov je do značnej miery otázkou zdravého sedliackeho rozumu – hovoria veľa o vnútornom stave fajčiara, lebo hodnoty, aké majú pre neho cigarety, fajky a cigary, predstavujú uvoľnenie napätia a stresu. Nefajčiari sa namiesto toho uchyľujú k všeobecným rituálom upravovania svojho zovňajšku, napríklad si obhrýzajú nechty, poklepkávajú prstami alebo chodidlami, upravujú si polohu manžetových gombíkov a vyhovujú naliehavej potrebe piť.

Asi je pravda, že vyfúknutie cigaretového dymu smerom hore je znakom dôvernej a pozitívnej nálady. Vyfúknutie dymu nadol znamená opak, a možno aj tajnostkársku a podozrievavú myseľ. Hráč kariet, ktorý dostal dobrú kartu, vyfúkne dym skôr hore než dole a naopak.

Tradične platí, že dlhé, hrubé cigary zdôrazňujú spoločenské postavenie. V súčasnosti je však dobre vedieť, že fajčenie cigár a záľuba v nich sú na veľkom vzostupe, a to najmä v USA. Ľudia stojaci vysoko na spoločenskom rebríčku si však pokojne môžu vyberať malé cigary svetovej značky.

Zladenie pohybov tela a nôh

Ak sa pri rozhovore sedí

John vysiela nevyslovený signál, že chce položiť Tedovi priamu, osobnú otázku (vpravo). Ak je Ted jeho podriadený, prijme informáciu, že John má možno v úmysle niečo mu vyčítať. Jemnejším spôsobom, ako zvládnuť túto situáciu, by bolo, keby si John sadol do pravého uhla proti Tedovi a potom by začal neformálne hovoriť o tejto pálčivej téme (dole). John by mal sledovať Tedove gestá – ako si dáva ruku k tvári *(pozri s. 112)*, keď odpovedá (celkom dole): Môžu naznačovať mieru úprimnosti odpovede.

John **Ted**

Chcú ma tu, alebo nie som vítaný?

Alica a Betsy sa už nejaký čas zhovárajú. Pripája sa k nim Ted. Ak sa špičky nôh Alice a Betsy začnú otáčať a smerovať k Tedovi, potom je pravdepodobné, že hoci obe ženy ešte stále spolu hovoria, nielenže Teda prijmú medzi seba, ale aj ocenia jeho prítomnosť (dole). Ženy sú oveľa vnímavejšie než muži, pokiaľ ide o túto, ale aj väčšinu iných situácií. Ak ste muž a máte pochybnosti o tom, ako by ste sa mali zachovať pri podobnom stretnutí, dôverujte tomu, ako sa správajú ženy.

Alica

Betsy

Tu vidíte muža, ktorý súčasne je aj nie je vítaný. Jeho vzpriamené držanie tela, paže na stole a druhá ruka na kolene napovedajú, že mieni zostať pri stole len krátko. Dievča v strede sa síce zaujíma o to, čo jej hovorí, ale dievča vľavo sa odtiahlo od stola a prehodilo si nohu cez nohu, pričom špička zdvihnutej nohy mieri mimo. Je síce stále zdvorilá, ale nemá pocit, že by sa chcela zúčastniť na rozhovore, alebo sa k nemu pripojiť. Nech už je to akokoľvek, bola by radšej, keby odišiel.

Ako sa roztáčajú kolieska

Túto dvojstranu pokrývajú rozličné gestá reči tela, ktoré možno ľahko použiť, dobre sa zapamätajú a sú určené na to, aby vám pomohli lepšie vychádzať s ľuďmi po spoločenskej stránke aj zlepšiť kvalitu vašej komunikácie.

Úprimný a neúprimný úsmev

Odborníci hovoria, že úprimné úsmevy (vľavo) sa postupne vytvoria, potom zase postupne zmiznú, pričom obe strany tváre majú tendenciu usmievať sa do rovnakého stupňa – čo pôsobí súmerným, uhladeným dojmom. Neúprimný úsmev (dole) máva tendenciu trvať neprirodzene dlho, môže vyzerať asymetricky a končí sa náhle. Nervózny, neistý úsmev trvá obyčajne kratšie, než by mal, a náhle sa vytratí.

Zaujať správnu pozíciu je umenie

Ako ste už videli, existujú tri teritoriálne zóny – intímna, osobná a služobná *(pozri s. 18)*. Keď sa ľudia po prvý raz stretnú v istej spoločenskej úlohe, mali by sa pohybovať na vonkajšom okraji osobnej zóny. Takmer vždy je chyba, keď sa pri úvodných vetách rozhovoru niekto tlačí viac dovnútra. V tomto štádiu odolajte pokušeniu skúšať na niekoho urobiť dojem tým, že sa nakloníte až k jeho uchu a zahundrete nejakú zábavnú indiskrétnu poznámku o inom hosťovi.

O minútu-dve by ste sa však už mohli pokúsiť pristúpiť trošku bližšie, no musíte pozorne sledovať reakciu protistrany. Ak neurobí nijaký pohyb ani necúvne, nechajte to tak. Ak aj druhá osoba o krôčik postúpi, je to signál, že komunikujete dobre a že druhá strana chce pravdepodobne pokračovať v rozhovore.

Srdečnosť, ale nie vnucovanie

Muži, ktorí by sa radi stali neodolateľným stredobodom pozornosti v úvodnom štádiu stretnutia so ženou, ktorú považujú za atraktívnu a chceli by na ňu urobiť dojem, by mali – ako hovorí všeobecné pravidlo – túto ašpiráciu prekonať a namiesto toho čakať na nevyslovené pozvanie ženy *(pozri s. 130)*. Maximum, čoho by

sa mala väčšina mužov v úvodnom štádiu vzťahu odvážiť, je letmý dotyk na paži, ktorý vyjadruje srdečnosť, a pritom nie je otvorene sexuálny (hore). Ženy zvyčajne toto gesto ocenia. Samozrejme, že z tohto pravidla existuje mnoho výnimiek. Niektorým dievčatám sa páči smelý, ale ľahkomyseľný prístup – muž im hneď ovinie pažu okolo pleca a zostane na vzdialenejšej strane hneď blízko poprsia. Avšak podobné spôsoby, ak muž súčasne nevie čítať signály „Stop, na toto je ešte priveľmi zavčasu“, maria jeho vlastné zámery.

Ide to dobre

Ted si správne vysvetlil Vanessinu kladnú reč tela a hneď si načasoval rýchly výpad do jej osobnej zóny, aby jej povedal vtip o kolegovi (hore).

Ako sa roztáčajú kolieska

Krúžite okolo seba

Nech vás nevyvedie z rovnováhy, keď si všimnete, že na nejakej spoločenskej schôdzke krúžia okolo seba muž a žena tak trochu agresívnym spôsobom. Stála zmena pozície môže byť znamením obojstrannej príťažlivosti a obdivu, môže slúžiť na zabezpečenie premenlivosti vizuálnych podnetov. Ak tento pohyb sprevádza výmena pohotových odpovedí – ktorých časť je mierne vyzývavá, ba až útočná, a časť vtipná – vrátane úsmevov a upretých pohľadov z očí do očí, ste pravdepodobne svedkami začiatku vzájomného vzťahu. Sexuálna príťažlivosť má v sebe agresívny prvok, ktorý býva niekedy starostlivo ukrytý, no inokedy takmer vypláva na povrch.

Dobrý začiatok

Téma napodobňovania sa v tejto knihe objavila už skôr (pozri napríklad Napodobňovanie šéfa, s. 48). Tu (vpravo) sa objavuje v jednej z najpozitívnejších foriem, a to na začiatku nového priateľského vzťahu. Klárin a Alicin driek zvierajú rovnaký uhol s kolmicou, ich krky sú pootočené v úplnej zhode do boku, hlavy sú takmer v rovnakej výške. Obe si navzájom padli do oka a sú veľmi spokojné s tým, ako sa veci vyvíjajú.

Prikyvovanie a úsmevy

Zvyčajne sa zabúda na to, že prikývnutie alebo úsmev toho druhého v prestávkach rozhovoru pomáha dotyčnému lepšie sa vyjadrovať, takže si na to pred schôdzkou spomeňte. Do istej miery vám to poskytne aj kontrolu nad rozhovorom. Druhá strana bude vo vás vidieť dobrého poslucháča a bude jej to milé, čo zase vám umožní stočiť tému rozhovoru na to, čo vás zaujíma.

Muži, ktorí priťahujú ženy

Čo robia muži pre to, aby priťahovali druhé pohlavie? Pravdivá odpoveď znie: v porovnaní so ženami nič zvláštne. Gestá mužského dvorenia sú nielen obmedzené, ale v porovnaní s arzenálom priemernej ženy aj ťažkopádne a hrubé.

Vypnúť prsia, brucho zastrčiť

Muž sa v prítomnosti ženy, ktorá mu pripadá atraktívna, snaží zaujať vzpriamený postoj (vpravo). Vtiahne vystupujúce brucho (čo najviac), vypne hrudník, aby pôsobil štíhlejším dojmom. Možno, že zdôraznenie hrudníka slúži na zvýraznenie trojuholníkového tvaru trupu, ktorý ženy považujú na mužoch za príťažlivý (práve tak, ako muži kladne reagujú na oblé ženské tvary).

Sugestívny pohľad

Skúsení svetáci, ktorí trochu rozumejú reči tela a vedia ju čítať, sa budú zrejme spoliehať na svoj uprený pohľad, budú ním vysielať signály a nebudú sa uchyľovať k hrubším fyzickým gestám. Ženy si obyčajne všimnú, že sa na ne upierajú pohľady mužov, ktoré sa pohybujú hore-dolu medzi tvárou a oblasťou panvy, pričom často spočinú na oblasti hrudníka – a to dokonca aj vtedy, keď sa tí dvaja sotva zoznámili. Muž, ktorý má o ženu naozaj veľký záujem, sa dostane pomerne rýchlo za túto hranicu a šikovne všetko narafičí tak, aby sa ich oči stretávali pri každej príležitosti. Čas, ktorý muž neuhne pohľadom – meraný často na sekundy – povie žene veľa o miere záujmu, aký o ňu muž má, aj o jeho sebavedomí.

Úprava zovňajška

Narovnanie kravaty, oprašovanie smietok – či už skutočných alebo imaginárnych – a uhládzanie vlasov, to všetko sú gestá, ktoré majú svoj pôvod v primitívnej minulosti človeka. Skutočne, štúdium opičích čried odhaľuje skutočnosť, že dominantný, sexuálne najaktívnejší samec má súčasne najuhladenejšiu a najčistejšiu srsť.

Som pripravený ísť na to

Toto gesto je také zjavné, aká len môže byť reč mužského tela: kombinácia hrubého a dôverného gesta „Som pripravený ísť na to“, ruky v strede s palcami zastrčenými za opaskom, zdôrazňujúce oblasť genitálií. Vďaka westernom je to klišé, ale popravde, viac ho uplatňujú mladíci. Starší muži často predvádzajú miernejšiu verziu tohto gesta s rukami vbok, keď žene priamo ukazujú svoju hruď. To môžu kombinovať s veľavravným upretým pohľadom, ktorý trvá o niekoľko sekúnd dlhšie, než povoľuje norma. Rozšírené zreničky žene povedia, že sa o ňu tento muž podvedome alebo i vedome zaujíma.

Muži, ktorí priťahujú ženy

Muž sleduje ženu na každom kroku

Muži majú vo zvyku sledovať zaujímavú ženu očami po celej miestnosti. Ženy často cítia, že sa na ne dívajú mužské oči, aj keď sú obrátené chrbtom. Keď žena opisuje romantickú schôdzku slovami „naše oči sa stretli cez celú miestnosť", pravdepodobne tým hovorí, ako si najskôr všimla, že sa na ňu muž nejaký čas uprene díva, a potom dovolila svojim očiam, aby „náhodou" „našli" jeho oči. Výskumy ukazujú, že to ženy robia iba vtedy, keď im to vyhovuje, a nie „na požiadanie".

Všetko chce svoj čas

Aj opak môže byť pravdou: ženy potajomky vysielajú časté pohľady na mužov, ktorých považujú za atraktívnych, tie sú však jemnejšie a nie je také ľahké si ich všimnúť. Zdá sa, akoby ženy využívali svoje skúsenosti s rečou tela, aby tak získali nejaký čas na rozmyslenie. Muži bežne opisujú pokrok smerom k intímnym záležitostiam s dievčaťom tak, akoby to bola vec časového rozvrhu dievčaťa, a nie ich.

Pozrite sa na to...

Keď muž stojí pri stene, často využije jemné (alebo aj nie také jemné) nachýlenie panvy smerom dopredu, ktoré si väčšina žien bez ťažkostí uvedomí.

Vidíte?

Niektorí muži dokonca sedávajú s rozloženými nohami a nehanebne tak vystavujú na obdiv svoj rozkrok (vpravo).

Ako ísť s duchom doby a mať nádej

Tu je dobrý príklad na pozitívnu reč mužského tela k žene. Postoj muža je sebaistý, nevyjadruje však snahu o nátlak. Hrudník smeruje priamo k žene, muž ho však drží uvoľnene a pozerá sa jej priamo do očí, no nie drzo, ani príliš dlho. Nedrží pridlho ani jej ruku, a hoci má o ňu záujem, dáva si pozor, aby nerobil náhlivé pohyby, ktoré by sa dali vysvetľovať tak, že si priveľa dovoľuje.

Mnohé ženy – no v nijakom prípade nie všetky – považujú túto kombináciu reči tela za atraktívnu a ľahko si s ňou poradia. Hovorí: „Možno by som aj mal záujem, ale nerobím na teba nátlak. Teraz si na rade ty.“ Ženy oceňujú srdečný, otvorený, ale neunáhlený prístup – ako som už povedal, majú sklon správať sa podľa vlastného časového plánu, keď už sa schyľuje k dôvernosti. Najlepšie je nechať ich riadiť sa ním – veď sú to napokon odborníčky na reč tela.

Ženy, ktoré priťahujú mužov

Ženy používajú rovnaké signalizačné gestá ako muži: ruky vbok upútajú pozornosť na tvar tela alebo na oblasť panvy, uhládzanie oblečenia, dotýkanie sa vlasov, špičky chodidiel a telo mieria tým smerom, kde je muž, ktorého žena považuje za atraktívneho, vytrvalé pohľady *(pozri s. 126)*. To všetko sú dobre známe gestá ženského dvorenia, práve tak ako pohojdávanie sa pri chôdzi, čo má tiež upútať pozornosť na oblasť bokov. No ako sa dozviete na týchto stránkach, správanie ženy pri vrhaní pohľadov je oveľa rozmanitejšie. Ak to dokážete postrehnúť, prezradí sa žena rozšírenými zreničkami, prípadne rumencom na lícach. Je toho však ešte oveľa viac ...

Pohľady bokom

Žena zachytí mužov pohľad len na tak dlho, aby si to všimol, a potom sa pozrie inde. Môže sa na neho dívať aj „privretými viečkami" – skloní hlavu a ukradomky vzhliadne s privretými viečkami. Odkaz znie: „Dívam sa na teba, ale nie tak dlho, aby si presne vedel, čo to znamená. Budeš toho musieť vypátrať viac." Niektorých mužov to dokáže „vytočiť" až do nepríčetnosti.

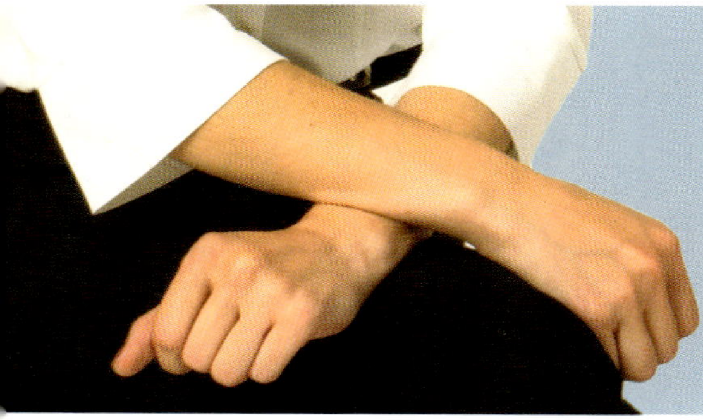

Dvojzmyselné gestá

Skrývanie zápästia (vľavo) vraj môže byť gestom dvorenia. Niektorí odborníci si myslia, že keď dievča dovolí mužovi, aby videl postupne viac a viac kože na jej zápästiach, môže to vyznieť ako pozvanie. Dievčatá vedia aj to, ako „upútať" muža letmým, priamym,

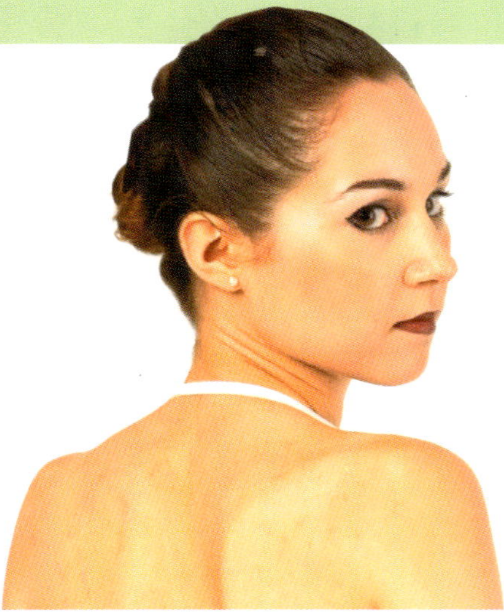

Poodhrnutá záclona

Ak dievča pritom dokonale zahaľujú šaty, môže si sadnúť na stoličku tak, aby jej sukňa siahala až k členkom alebo ku kolenám, a potom ju nechá trochu „povyliezť", postupne, po maličkých kúskoch, čím počas niekoľkých minút odhalí o niekoľko centimetrov kože navyše. Urobí to s takým umením, že mužský divák si len okrajovo uvedomí, čo sa deje – nebude mu to však nepríjemné.

Pohľad ponad plece

Ženské plecia majú pre mužov tiež veľký erotický význam – pre niektorých sú dokonca zaujímavejšie než prsia alebo boky. Ak ich žena predvedie napríklad vo večerných šatách bez ramienok, poskytne mužovi krátky pohľad na plecia spolu s nahliadnutím zboku, čo je ďalší efekt navyše.

„vážnym, ale príťažlivým" pohľadom (vpravo). Bol vari v jej očiach náznak úsmevu? Možno dievča vie, že úsmev v očiach by muž bral ako povzbudenie. Nateraz je lepšie nechať ho hádať.

Ženy, ktoré priťahujú mužov

Nohy obtočené jedna vedľa druhej

Táto poloha sa často používa zámerne. Veľmi účinne zdôrazňuje štíhly, na pritom oblý, elegantný tvar ženských nôh. Keď má žena na sebe kratšiu sukňu, má toto gesto odhaliť o kúsok stehna viac.

Nohy prekrížené tak, že jedno koleno vyčnieva dopredu

Tento spôsob vídame často, keď žena sedí na gauči vedľa muža, ktorý ju zaujíma. Koleno mieri priamo na neho. Niekedy si žena prehodí nohu cez nohu a čiastočne si vyzuje jednu topánku. Inokedy sa noha pomaly posúva striedavo do topánky a z topánky ako zjavná narážka.

Ústa a pery

Hovorí sa, že mierne pootvorené ústa a navlhčené pery, či už pomocou líčidiel alebo slinami, sú vraj znamením sexuálneho pozvania – predpokladá sa, že rúže sa používajú už od pradávna na zvýšenie príťažlivosti pier. V praxi však väčšina žien používa kozmetické prípravky a z času na čas máva pootvorené ústa, preto tieto signály nie sú príliš spoľahlivým vodidlom.

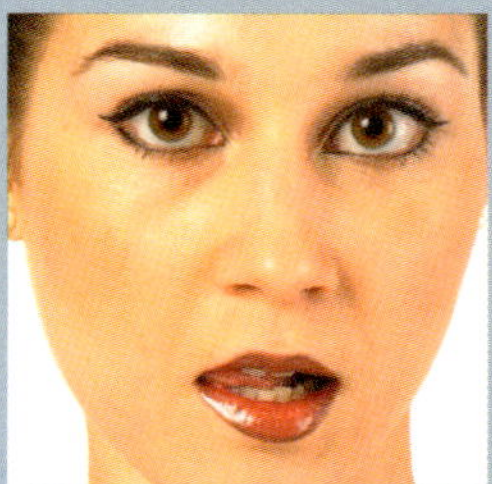

Striedavé prehadzovanie nohy cez nohu

Možno ide o obmenu gesta pohľadu bokom *(pozri s. 130)*. Nohy sú prekrížené, potom nie sú, potom zase sú, ale na druhú stranu, čo sa počas rozhovoru niekoľkokrát opakuje. Žena to môže robiť tak prirodzene a nevinne, že mužský divák si len ťažko uvedomí, že je to výzva, aby si všimol pekný tvar ženských nôh zdôrazňovaný striedavým prekrižovaním. Môže tak získať pocit, že „veci sa vyvíjajú pozitívne".

Dobré znamenie

Keď žena stojí alebo kráča tesne po mužovom boku, pravdepodobne si o ňom myslí, že je atraktívny.

Zlé znamenie

Ak si všimnete, že ženina kabelka je vždy medzi vami, mohlo by to znamenať, že nechce, aby ste sa jej dotýkali. Ženy používajú prenosné predmety – v typickom prípade kabelky, ale aj dáždniky a diplomatické kufríky – ako bariéru. Môžu mať tiež ruky vo vreckách.

Také gestá rúk, ako sú pozdravy, majú svoj pôvod v dávnych prehistorických dobách – vari aby človek ukázal, že nenesie nijakú zbraň a nespôsobí teda druhému nijakú ujmu. O tisíc rokov neskôr sa štandardné európske alebo severoamerické podanie ruky chápe v medzinárodnom meradle ako obchodný pozdrav. No aj tak by sa našlo len málo ľudí, ktorí by chceli spochybňovať, že je nevyhnutné poznať aj ďalšie významné formy pozdravov.

Medzi tie hlavné patrí *salaam*, pozdrav, ktorý používajú muslimovia *(pozri s. 142 – 143)*, *namaste*, hinduistický pozdrav *(pozri str. 150)* a orientálna poklona *(pozri s. 155)*.

Okrem toho, že táto kapitola opisuje dôležité skutočnosti vzťahujúce sa na zoznamovanie a pozdravy, oboznámi vás aj s mnohými ďalšími dôležitými podrobnosťami správania, s ktorými by ste sa mohli stretnúť na služobných cestách. Poradí vám, čoho sa pri správaní máte vyvarovať, lebo je pravdepodobné, že by niekoho mohlo uraziť, nech už budete cestovať kdekoľvek po svete.

Medzinárodná etiketa

Medzinárodná etiketa

Európa

Európa má veľmi širokú paletu rozličných kultúr, preto sa vymedzenie prijateľného správania medzi jednotlivými krajinami veľmi líši. Všeobecne je rozšírený názor, že obyvatelia južnej Európy sú otvorenejší a komunikatívnejší než ich severnejší susedia.

Fínsko

- Muži a ženy, často aj deti vám pri predstavovaní podajú ruku.
- Nie je zvykom otvorene prejavovať emócie.
- Pri rozhovore je dôležité nadväzovať a udržiavať priamy kontakt očí.
- Ak budete stáť so založenými rukami, bude sa to považovať za aroganciu.
- Ak si chcete preložiť nohu cez nohu, urobte to vo výške kolien, nie členkov.
- Fíni nejedia na ulici nijaké jedlo, vari iba s výnimkou zmrzliny.
- Pri jedle nikdy nepoužívajte prsty, dokonca ani keď jete ovocie.

Fínsko: Keď stojíte, nemajte založené ruky, mohlo by sa to chápať ako prejav arogancie.

- Nechávať jedlo na tanieri sa považuje za neslušné, preto si berte len také porcie, o ktorých viete, že ich budete môcť dojesť.

Veľká Británia

- O Britoch sa hovorí, že sú o niečo odmeranejší než ich susedia v kontinentálnej Európe. Podanie ruky je hlavným formálnym pozdravom. Nepoužíva sa pri neformálnych príležitostiach a mladší ľudia ho používajú menej než starší.
- Mimo rodiny a najbližších priateľov sú objatia a bozky veľmi vzácne.
- Dôležitá je zdvorilosť a preukazovanie úcty. Väčšina Britov disciplinovane čaká v radoch. Ktokoľvek, kto by chcel predbehnúť, môže počítať s protestmi.
- V niektorých podnikoch stúpa obmedzovanie alkoholu pri obchodných obedoch.

Česko a Slovensko

- Najmä pri formálnych stretnutiach môžete zistiť, že si všetci pri príchode aj odchode podávajú navzájom ruku. Ináč sa Česi aj Slováci na verejnosti vyhýbajú telesnému kontaktu.
- Pri jedle nedávajte lakte na stôl.

▸ Keď dojete, položte nôž a vidličku na tanier rovnobežne vedľa seba. Ak necháte nôž a vidličku na tanieri krížom, bude to personál považovať za znamenie, že ste len na chvíľu prestali jesť a mienite pokračovať.

▸ Pri obchodných obedoch, recepciách alebo iných príležitostiach spojených s jedlom sú pomerne časté prípitky. Hostiteľ sa ujme vedenia a keď vás vyzve, aby ste predniesli prípitok, mali by ste reagovať kladne a odpovedať.

Dánsko

▸ Ruky sa tisnú väčšinou pevne a krátko.

▸ Ak zdravíte dvojicu, podajte ruku najprv žene.

▸ Deti sa učia, že majú podávať ruku a udržiavať kontakt očí.

▸ Dôležitá je zdvorilosť. Ženy vstupujú do dverí ako prvé a aj zo schodov schádzajú ako prvé. Hore schodmi idú najprv muži.

▸ Keď sa ľuďom obraciate chrbtom, je to nezdvorilé: Ak napríklad potrebujete prejsť okolo ľudí, aby ste sa dostali k svojmu sedadlu, postupujte čelom k nim a poďakujte im.

▸ Predovšetkým na formálne obedy a večere by ste si mali brať spoločenské oblečenie.

▸ Pri formálnych obedoch a večerách dostane každý muž kartičku s menom ženy, ktorá bude jeho partnerkou po pravici. Mal by ju odprevadiť k stolu.

▸ Pri jedle nedávajte lakte na stôl.

▸ Prípitky sú obľúbené. Pri správne prednesenom prípitku sa rozhliadnite po celej skupine alebo pripite jednej osobe, trošku si odpite a potom znova vyhľadajte očný kontakt.

Francúzsko

▸ Podania ruky sú rýchle, jednoduché, často sprevádzané potrasením hore a dolu.

▸ Muž by mal počkať, kým mu žena podá ruku ako prvá.

▸ Francúzi nebozkávajú na líca dokonca

Česko a Slovensko: Pri príchode aj odchode je zvyčajné potriasť si so všetkými rukou.

Medzinárodná etiketa

Francúzsko: Francúzi sú známi charakteristickými gestami.

ani ľudí, ktorých dobre poznajú – len sa dotknú tvárami a pošlú si bozk vzduchom.

- Neusmievajú sa na cudzích ľudí.
- Často si vymieňajú firemné vizitky. Ak dáte svoju vizitku vyššie postavenému kolegovi, nemusíte od neho nevyhnutne dostať jeho navštívenku.
- Pri obchodných schôdzkach si nevyzliekajte sako skôr než služobne vyššie postavená osoba.
- Hoci Francúzi veľa gestikulujú, pri pracovných rokovaniach majú reč tela i správanie pod kontrolou. K typickým gestám patrí potiahnutie spodného viečka („Ty zo mňa nebudeš robiť hlupáka“) a pokrčenie paží s dlaňami od seba („To ma netrápi“) alebo s dlaňami zdvihnutými do výšky („Čo odo mňa očakávate, že s tým urobím?“).
- Ak chcete zavolať čašníka, počkajte, kým sa vám podarí zachytiť jeho pohľad, zdvihnite ruku a povedzte: *„Monsieur“*, *„Madame“* alebo *„S'il vous plaît“*.

Nemecko

- Muži pevne tisnú ruku a môžu ňou pritom raz potriasť.
- Aj ženy a deti podávajú ruku, ale tisnú ju menej než muži.
- Keď sa zoznamujete so skupinou ľudí, podajte ruku každému z nich.
- Keď podávate ruku, nemajte druhú ruku vo vrecku – ľudia to chápu ako vyslovený prejav neúcty až urážky.
- Výmena vizitiek je rutinná záležitosť.
- V reštauráciách k vám môže vedúci podniku posadiť cudzích ľudí, ak má nedostatok miesta. Je to bežné, nemusíte sa s nimi zhovárať.
- Nemci nehovoria rutinne „Prosím“ a „Ďakujem“. Nie je to neslušné.
- Či už ste v reštaurácii alebo u niekoho doma, nekrájajte nožom zemiaky, palacinky ani knedle: Znamenalo by to, že sú tuhé.

Francúzsko: Francúzi sa pri zdravení dotknú lícami a pošlú bozk vzduchom.

Maďarsko

▸ Podávanie rúk je normou, ak niekto prichádza alebo odchádza.

▸ Muži by mali počkať, kým im žena ponúkne ruku.

▸ Maďari vyhľadávajú pomerne málo telesný kontakt a radi si udržiavajú osobný priestor: ľudia stoja od seba približne na vzdialenosť paže.

▸ Na formálnych večierkoch počkajte, kým vás predstavia.

Grécko

▸ Pri zdravení podávajú Gréci ruku srdečne a priateľsky. Môžu pridať aj bozk na obe líca.

▸ „Nie" sa naznačuje prikývnutím alebo zdvihnutím obočia, zatiaľ čo nakláňanie hlavy na obe strany hore a dolu znamená „Áno".

▸ Človeka môže trochu zmiasť, že Gréci sa často usmievajú, aj keď sú nahnevaní.

▸ Gréci nestoja v radoch.

Írsko

▸ Ľudí zdravte pevným stiskom ruky.

▸ Nie je samozrejmosťou vymieňať si firemné vizitky.

▸ Tak ako v Británii tvoria ľudia disciplinované rady. Nepokúšajte sa predbiehať.

Holandsko

▸ Ruky si podávajú muži, ženy aj deti. Dôležité je nadviazať očný kontakt.

▸ Medzi špecifické gestá Holanďanov patrí ľahké poklepkanie na laketˇ, čo naznačuje neserióznosť, a chytanie imaginárnej muchy pred sebou, aby človek ukázal, že si myslí, že sa niekto zbláznil.

▸ Pri obede alebo večeri sa môže stať, že hostiteľka obslúži najprv seba. Jedzte iba vtedy, ak je aj ona.

▸ Berte si malé porcie, lebo by ste mali zjesť všetko, čo máte na tanieri.

▸ Počas jedla nevstávajte.

Taliansko

▸ Taliani majú spomedzi Európanov najvrelší vzťah k telesným dotykom – známi sa bozkávajú na líca, priatelia mužského pohlavia sa často objímajú.

▸ Dokonca aj obchodníci či podnikatelia si dlho potriasajú rukou a môžu pritom stisnúť laket toho druhého, toto gesto však nie je vhodné medzi mužmi a ženami.

▸ Najznámejším talianskym gestom je pokrčenie pliec so zdvihnutými dlaňami, čo znamená: „Neviem".

▸ Cvrkanie prstom do brady naznačuje netrpezlivosť.

Medzinárodná etiketa

Nórsko

▸ Stisk ruky v Nórsku je krátky a pevný.

▸ Mimo okruhu priateľov a rodiny, najmä však pri pracovných rokovaniach, majú Nóri sklon vyhýbať sa telesnému kontaktu. Neobjímajte nikoho okolo pliec ani nikoho nepotľapkávajte po chrbte.

▸ Ak prednášate prípitok, vyhľadajte kontakt očí, zdvihnite pohár do výšky očí, povedzte „*Skol*", napite sa a znovu vyhľadajte očný kontakt.

Nórsko: Prípitok „*Skol*" je nórsky rituál.

Poľsko

▸ Pri stretnutí s niekým a pri odchode je zvykom podať ruku a potriasť ňou.

▸ Starší poľskí muži môžu ženám pobozkať ruku, ale všeobecne nemajú Poliaci príliš v obľube telesné dotyky, s výnimkou rodiny a priateľov.

▸ Je užitočné rozumieť gestu, keď vám niekto cvrkne prstom do šije, čo znamená: „Daj si so mnou vodku."

Portugalsko

▸ Tak ako v iných krajinách, kde sa hovorí románskymi jazykmi, sú normou pevné, srdečné stisky rúk.

▸ Portugalci neprejavujú city príliš otvorene, s výnimkou schôdzok blízkych priateľov, na ktorých sa môžu muži vzájomne potľapkať po chrbte a ženy sa môžu objímať.

▸ Používajú len niekoľko gest rukami. Ak si brnkáte ukazovákom do brady, znamená to, že neviete odpoveď, no keď to urobíte palcom, dávate najavo, že problém už neexistuje.

Rusko a bývalý Sovietsky zväz

▸ Po priamom kontakte očí a veľmi pevnom stisku ruky môže v prípade priateľov mužského pohlavia nasledovať typicky ruské „medvedie objatie", ktoré sprevádzajú tri krátke bozky na obe líca.

▸ Pískanie na niekoho alebo niečo naznačuje nesúhlas.

▸ Prechádzať pred ľuďmi tak, že im ukazujete chrbát, napríklad v divadle alebo dave, je tabu.

Španielsko: Ponúknite srdečný stisk ruky a položte známemu ruku na plece.

▸ Keď vstupujete do ruského obydlia, nepodávajte ruku cez prah. Počkajte, kým budete vnútri.

▸ Rusi sa neusmievajú na cudzích ľudí, najmä nie na verejnosti. V súkromí, napríklad v porovnaní s obyvateľmi Británie alebo USA, u nich môžete zbadať celú paletu emócií, ktoré prezentujú bez zábran.

Španielsko

▸ Ruky sa podávajú srdečne a priateľsky a je možné, že muž potľapká niekoho, koho pozná, po chrbte alebo po pleciach. Tak ako vo všetkých krajinách, kde sa hovorí románskymi jazykmi, nazývajú bežné objatie *abrazo*. Kontakt očí je dôležitý, ale ženy si musia dávať pozor, aby ho niekto chybne nepovažoval za prejav záujmu.

▸ Španieli si vážia staromódne spoločenské správanie – mnohí majú v úcte a dodržiavajú prísne konzervatívne a náboženské hodnoty.

Rusko: Priatelia mužského pohlavia sa pri stretnutí často nadšene a mocne objímajú.

▸ Ak budete mať pri rozhovore ruky vo vreckách, budú to príslušníci staršej generácie považovať za chrapúnstvo či neotesanosť.

▸ Španielom sa nepáči zívanie ani vystieranie sa na verejnosti.

▸ Keď muži v reštaurácii alebo u niekoho doma prichádzajú k stolu, obyčajne počkajú, kým si sadnú všetky ženy, až potom si sadnú oni.

▸ Pri prípitku povedzte: „Čin čin“ a priťuknite si pohármi. Nezačínajte jesť, kým si všetci nesadnú, a vždy povedzte *„Buen provecho“* (Dobrú chuť).

Švajčiarsko

▸ Švajčiarske zvyky sa, prirodzene, delia na francúzske, nemecké a talianske. Podania ruky pri pozdrave nemeckých Švajčiarov sú krátke, pevné a bez akýchkoľvek ďalších dotykov, zatiaľ čo francúzske a talianske verzie zahrnujú objímanie a bozkávanie na líca.

Medzinárodná etiketa

▶ Vezmite si so sebou množstvo firemných vizitiek, lebo ich budete potrebovať.

▶ Švajčiari veľmi oceňujú vzpriamené držanie tela a dobré vystupovanie. Nehrbte sa na stoličke ani sa neopierajte o operadlo s nohami vystretými dopredu.

▶ Švajčiari považujú za osobitnú urážku, ak niekto hádže na zem odpadky (udeľujú za to veľké pokuty).

▶ V reštaurácii si môžu cudzí ľudia prisadnúť na ktorékoľvek voľné miesto pri vašom stole.

Švédsko

▶ Ruka sa podáva pevne a krátko, iba s jedným či dvoma potraseniami. Nedochádza k nijakej inej forme telesných kontaktov.

▶ Pri rozhovore udržiavajte kontakt očí. Ukazujete tým, že vás zaujíma to, čo hovorí druhá strana.

▶ Na skrížené paže sa nepozerá ako na obranné gesto, ale naznačujú skôr, že počúvate.

▶ Švédi sú vážni ľudia, ktorí sa nepredvádzajú, a možno vyše polovica z nich má tendenciu považovať hlasné, extrovertné správanie za povrchné.

▶ Ak s niekým hovoríte, nasmerujte svoj hrudník priamo k nemu. Ak sa odchýlite čo len o malý uhol, mohlo by sa to považovať za nedostatok záujmu.

▶ Švédi veľmi nemajú radi, ak ich niekto pri reči prerušuje. Ťažko tiež nesú, ak sa prechádza na inú tému skôr, než sa predchádzajúca uzavrela.

▶ Tak ako iní obyvatelia Škandinávie si aj Švédi pripíjajú slovom *„Skol"*.

Švédsko: Strážte si „os tela".

Stredný východ a arabský svet

Pre etiketu v arabských krajinách existuje veľa základných pravidiel. Tie sú na nasledujúcich stranách uvedené spoločne s osobitnými radami, ako sa má človek v každej krajine správať.

▶ Štandardným pozdravom v islamských krajinách je *salaam*. Predvediete ho tak, že sa pravou rukou dotknete hrude na mieste, kde máte srdce, potom pohybujete predlaktím v oblúku smerujúcom hore a von a vyslovujete pritom slová: „*Essalam alaikum*“ (Mier s vami). Skrátený *salaam* sa robí tak, že nakloníte čelo mierne dopredu a dotknete sa ho končekmi prstov.

- Arabskí muži používajú veľa telesných dotykov. Podanie ruky sa často predlžuje a muži, ktorí sa dobre poznajú, môžu jeden druhému stískať lakte.
- Osobná zóna je menšia než v „západnom svete“. Muži stoja pri rozhovore oveľa bližšie pri sebe, než je zvykom na Západe. Odísť počas rozhovoru sa považuje za neslušnosť až drzosť.
- To, čo sme povedali, sa nevzťahuje na ženy. Muži a ženy stoja od seba ďalej než na Západe a neexistujú nijaké prejavy náklonnosti na verejnosti. Muži, ktorí prídu na návštevu, by mali počkať, kým im arabská žena podá ruku.
- Muž, ktorý zdraví iného muža, ktorého dobre nepozná, si s ním podá ruku, zatiaľ čo muž, ktorý zdraví ženu, ktorú dobre nepozná, sa dotkne pravou dlaňou miesta, kde mu bije srdce.
- Vyvarujte sa ukazovania a nikdy neukazujte priamo na inú osobu. Je to vrchol neokrôchanosti.
- Než vstúpite do domu alebo mešity, vždy si vyzujte topánky.
- Podrážka topánky alebo chodidlo sú najnižšie umiestnenou a najšpinavšou časťou tela. Je hlboko urážlivé ich niekomu ukazovať alebo ich naňho vystrkovať.
- Na jedenie, dávanie darčekov a ich prijímanie používajte len pravú ruku. Vo všetkých islamských krajinách je ľavá ruka určená len na hygienické účely.
- Pri jedle podávajú Arabi množstvo tuhej, hustej, presladenej kávy v malých šálkach. Ak chcete naznačiť, že už máte dosť, nakláňajte šálku prstami dopredu a dozadu.

Egypt

- Hoci sú Egypťania zvyknutí na obyvateľov západného sveta, obliekajte sa skromne. Muži by mali nosiť dlhé nohavice, ženy dlhé sukne alebo voľné nohavice, výstrihy by nemali byť hlboké a rukávy majú zakrývať lakte.
- Veľa Egypťanov fajčí a fajčenie na verejnosti sa neodsudzuje.

Irán

- Podávať ruku je bežné a ak si niekto podá ruku s deťmi, je to znamenie úcty k ich rodičom.
- Ženy by mali nosiť voľnú sukňu po členky a veľkú blúzu vrecového strihu

s dlhými rukávmi alebo blúzu, na ktorú si oblečú ešte voľný plášť do polovice stehien. Povinné sú aj ponožky a šatka na hlavu. Ženy by sa mali vyhýbať líčeniu a všetkým šperkom a bižutérii s výnimkou krúžkov bez ozdôb, napríklad snubných prsteňov, aby nevyvolali urážky a silné reakcie.

▸ Muži musia nosiť dlhé nohavice a oblečenie, ktoré im zakrýva celé paže.

Jordánsko

▸ Jordánsko prevzalo pomerne veľa prvkov zo západnej kultúry, ale nestriedme oblečenie môže ľudí poburovať. Ženy by mali nosiť šaty aspoň po kolená a mať zakryté plecia.

▸ Zdvorilosť je v Jordánsku dôkladne vypracované umenie. Keď vám napríklad pri obede ponúknu prídavok, mali by ste dvakrát odmietnuť a prijať ho až po tretej ponuke. Medzi prejavy dobrého správania patrí nenechávať zvyšky nezjedeného jedla.

▸ Hoci je Jordánsko jednou z mála arabských krajín, kde si možno ľahko zaobstarať alkohol, pitie väčšieho množstva sa prijíma s nevôľou.

Izrael

▸ Hebrejčina je jazyk s mnohými výrazovými prostriedkami a medzi priateľmi ju dopĺňa množstvo dotykov a stiskov rúk.

Štandardným pozdravom v arabskom svete je salaam a jeho skrátená verzia.

▸ Ženy, ktoré prídu na návštevu, by mali počkať, kým im izraelský muž podá ruku. Ženy by sa nemali usmievať na cudzích ľudí, lebo by to na nich mohlo urobiť zlý dojem.

▸ Ortodoxní židia si pri náhodných príležitostiach nepodávajú ruky, navzájom sa nedotýkajú, ani nepotriasajú rukami osobám odlišného pohlavia, a to ani keď si vymieňajú firemné vizitky.

Palestína a okupované územia

▸ Pri návšteve Palestíny, pásma Gazy alebo miest na západnom brehu Jordánu by si mali muži aj ženy zakrývať nohy a ženy by mali mať zahalené aj plecia a hornú časť paží.

Muži a ženy stoja od seba ďalej než na Západe.

V arabských krajinách podanie ruky často sprevádza nadšenie a trvá dlho.

Saudská Arábia

▸ Na politických zhromaždeniach uvidíte, ako muži zdravia hodnostárov a členov predstavenstva tak, že im pobozkajú prednú časť ich pravého pleca, čím im preukazujú úctu.

▸ V Saudskej Arábii sa môžu v jednej miestnosti konať spoločné obchodné rokovania, pri ktorých sa hostiteľ pohybuje od jednej skupiny k druhej a naspäť.

▸ Ak váš hostiteľ preruší rokovanie a na 20 minút bez vysvetlenia odíde, je to pre modlitby.

▸ Prikývnutie znamená „Áno“, zatiaľ čo zakláňanie hlavy a mľaskanie jazykom znamená „Nie“.

▸ Saudskí Arabi, ktorí sa neprispôsobili západnému svetu, považujú prekríženie nôh za prejav neúcty.

Medzinárodná etiketa

- Ženy, a to dokonca ani ženy zo západných krajín, nesmú riadiť dopravné prostriedky.
- Neočakávajte, že vás niekto predstaví žene zahalenej závojom, ktorá je v spoločnosti muža zo Saudskej Arábie.
- Ženy by mali mať zásadne zahalené nohy, plecia a paže voľným oblečením. Možno, že si budete musieť zakryť hlavu šatkou.
- Na verejnosti nie je zvykom fajčiť. Niekde sa stretnete s tým, že nechávajú kolovať spoločnú fajku (hookah).
- Alkohol a bravčové mäso zakazuje zákon.
- Nefajčite, nepite ani nejedzte na verejnosti počas posvätného mesiaca ramadánu: Riskujete, že pôjdete do väzenia, a to možno až do skončenia tohto pôstneho obdobia.

Turecko

- Okrem normálneho podania ruky sa môže stať, že si priatelia položia ruky na vaše, alebo vás dokonca objímu.
- V kancelárii alebo pri formálnom stretnutí podajte ruku všetkým prítomným.
- Oveľa mladšia osoba vám môže na znamenie úcty pobozkať ruku a pritisnúť si ju k hlave.
- Fajčiť a jesť na ulici sa považuje za nezdvorilé.

Turecko: Keď niekto zakloní hlavu a zavrie oči, znamená to „Nie".

- Preukazujte osobitnú úctu starším osobám, lebo tie sa tu tešia veľkej vážnosti.
- Keď hovoríte, nezakladajte si paže ani si nedávajte ruky do vreciek.
- „Nie" sa naznačí tak, že sa hlava trochu zdvihne, zakloní a zatvoria sa oči, alebo sa oči doširoka otvoria a zdvihne sa obočie.

Libanon

- Deti sa učia, že nemajú hovoriť, kým ich návštevník neosloví.
- Prikývnutie znamená „Áno", zatiaľ čo prudký pohyb hlavou hore a zdvihnuté obočie znamená „Nie".
- V mestách sú Libanonci tolerantnejší k západnému spôsobu správania a obliekania, ale vo vidieckych oblastiach ľudia viac dodržujú tradície. Mimo veľkomiest a väčších miest by mali ženy zo Západu dbať na to, aby sa obliekali skromne.

Afrika

▸ V každej africkej krajine existuje veľká etnická rôznorodosť. V hlavných mestách a v rozvinutejších oblastiach sa západné zvyklosti väčšinou stretávajú s pochopením. Podanie ruky je najbežnejší pozdrav. Na verejnosti nedochádza medzi oboma pohlaviami ku kontaktom.

▸ Keď jete, dávate a prijímate veci, používajte na to pravú ruku: v moslimských častiach Afriky ľavú ruku používajú iba na hygienické účely.

▸ Ak vám dá niekto darček, zdvorilo ho prijmite. Odmietnutím vrháte na darcu hanbu.

▸ Nádoby s vodou alebo s doma vareným pivom možno nechať kolovať. Nie je však zvykom deliť sa o kávu, čaj alebo nealkoholické nápoje vo fľašiach.

Južná Afrika

▸ Na podanie ruky sa kladie veľký dôraz. Snažte sa zistiť miestne odchýlky sledovaním, čo robia druhí. Vo väčšine situácií sú prijateľné západné varianty podania ruky.

▸ Urobte si čas a naučte sa miestne výrazy ako „Dobrý deň" a „Dovidenia": miestni obyvatelia to ocenia.

▸ Pred jedlom môžu nechať hostia kolovať medzi sebou misu s vodou na umytie rúk.

Kongo (bývalá Zair)

▸ Za hranicami hlavného mesta (Kinshasa) rozvíjajú početné kmeňové kultúry širokú paletu spôsobov správania. V hlavnom meste je zvyčajnou formou pozdravu podanie ruky.

▸ Účasť na hlavnom jedle je významným spoločenským obradom: všetky oči budú pravdepodobne pozorne sledovať vaše spôsoby. Ak bude hostiteľ používať pri jedle prsty, riaďte sa jeho príkladom, jedzte však len pravou rukou.

Ghana

▸ V pracovných situáciách sa do značnej miery kopíruje západoeurópska a americká etiketa.

▸ Deti sa cvičia v tom, že sa nemajú dívať na dospelých – považuje sa to za drzosť.

Keňa

▸ V obchodných situáciách sú bežné západoeurópske spôsoby podávania ruky, ako aj ďalšie „západné" prvky etikety, mimo hlavného mesta a ďalších veľkých miest však existuje mnoho kmeňových kultúr. Pozorne sledujte, aké sú miestne odchýlky.

Mali

▸ Na severozápade Mali sa dodržiavajú islamské zvyky. Pred vstupom do domu alebo mešity si vyzujte topánky a dodržiavajte aj ďalšie moslimské zvyky, napríklad neukazujte na nikoho prstom, ani nikomu neukazujte podrážky svojich topánok alebo chodidlá.

Maroko

▸ Väčšina Maroka je islamská: Pozrite sa na základné poznámky o slušnom správaní v celom arabskom svete *(s. 142 – 143).*

▸ V Maroku je podanie ruky vrúcne a srdečné a ľudia, ktorí sa poznajú bližšie, si môžu navzájom pobozkať končeky prstov na znamenie osobitnej úcty.

▸ Priatelia sa objímajú a dotknú sa tvárami dvakrát na každej strane, alebo štyrikrát, keď ide o naozaj blízkych priateľov. Pre cudzích ľudí by to však bolo úplne nevhodné. Ľavú ruku nepoužívajte pri výmene peňazí ani pri žiadnom kontakte, ak to nie je nevyhnutné.

▸ Striedme oblečenie pre obe pohlavia je nevyhnutné. Vystríhajte sa odhaľovania ktorejkoľvek časti tela a noste voľné odevy.

▸ Prejavy náklonnosti medzi dvojicami na verejnosti sa odsudzujú, a to aj medzi manželmi.

▸ Jedlo sa je posediačky, s nohami skríženými v tureckom sede na zemi, pri nízkych stoloch. Môžete jesť prstami pravej ruky.

▸ Maroko je veľmi pohostinná krajina. Cudzích ľudí často pozývajú do rodinného kruhu. Tam môžu domáci vyzvať hostí, aby pred jedlom vykonali rituálne umývanie, pri ktorom sa cez ruky leje voda z kanvice do misy.

Maroko: Tak ako vo väčšine moslimských krajín sa nielen pri vstupe do akéhokoľvek obydlia alebo mešity, ale aj v čase jedla vyzúvajú topánky.

Nigéria a Niger

▸ Je ťažké robiť všeobecné závery o tom, ako sa tu zdraviť, lebo kultúry miestnych kmeňov sa veľmi líšia. Vo väčších mestách sa len zriedkavo považujú západné spôsoby za nevhodné.

Sudán

- Táto krajina je pod arabským vplyvom, a to najmä na severe. Zoznámte sa s hlavnými bodmi etikety v arabskom svete *(pozri s. 142 – 143).*

Austrália a Oceánia

Austrália a Nový Zéland

- Austrálčania a Novozélanďania sa zdravia pevným, priateľským podaním ruky.
- Nadviazanie a udržiavanie vhodného kontaktu očí je pri obchodných schôdzkach veľmi dôležité.
- Na otázku: „Ako sa máte?" je správna odpoveď: „Mám sa dobre. A ako sa máte vy?" Nepodávajte podrobný opis svojho zdravotného stavu.
- Firemné vizitky sa síce vymieňajú, nie je to však taký významný rituál ako povedzme v Japonsku alebo v Nemecku.
- Obyvatelia Austrálie a Nového Zélandu prejavujú tendenciu kladne oceňovať otvorené, neformálne spôsoby a správanie, ale nemusia im byť po chuti silne vyjadrované emócie, na ktoré by sa mohlo ľahko pozerať ako na nevhodné citové výlevy.
- Polynézski Maurovia – domorodci na Novom Zélande – sa zdravia tak, že si šúchajú navzájom nosy.
- Medzi austrálskymi mužmi býva potľapkanie po chrbte hraničným gestom na vyjadrenie priateľstva a úcty.
- Zívanie s nezakrytými ústami odsudzujú Austrálčania prísnejšie, než je bežné, a často na ospravedlnenie dodávajú „Prepáčte!"
- Tak ako Briti, aj Austrálčania rešpektujú rady: keď čakajú, stoja disciplinovane v rade. Kohokoľvek, kto by nečakal na mieste, kam patrí, by ostatní vykázali naspäť, hoci aj násilím.

Fidži

- Fidžania pri zdravení prikývnu a povedia *„Bula"* (Dobrý deň). S cudzincami si však potrasú ruku. Očný kontakt je vhodný a pozdrav sprevádza veľké množstvo smiechu.
- Pri rozhovore udržujte priamy kontakt očí, nie však príliš dlho.
- Než vstúpite k niekomu domov, vyzujte si topánky.
- Keď už ste v dome, považuje sa za nevychovanosť zostať stáť, dotýkať sa hlavy druhého alebo odmietnuť darčeky či jedlo.

Indický subkontinent

- Hlavnou formou pozdravu pri stretnutí a lúčení na indickom subkontinente je *namaste*, hinduistický pozdrav, ktorý vyzerá tak, že sa ruky držia vo výške hrude, zopnuté ako pri modlení, a sprevádza ho ľahký predklon.
- Tak ako na Strednom východe sa podrážky topánok a chodidlá považujú za najšpinavšiu časť tela. Pri vstupe do chrámu alebo mešity by ste sa mali vždy vyzuť.
- V chráme alebo mešite by si ženy mali vždy zakrývať hlavu. Na jedenie, odovzdávanie alebo prijímanie darčekov, pri podávaní nejakého predmetu alebo na ukazovanie používajte iba pravú ruku. Ukazovať by ste nemali len jedným prstom (to sa považuje za veľmi neslušné), ale celou rukou.

Mjanmarsko (Barma)

- V Mjanmarsku nie je zvykom podávať si ruky, a to napriek tomu, že v obchodnom styku sa to môže stať.
- Budhizmus považuje spodnú polovicu tela za nízku, škaredú, a hornú polovicu za nedotknuteľnú, posvätnú. Nemali by ste sa dotýkať hlavy Budhovho obrazu či sochy.

India

- Muži sa nedotýkajú žien ani formálne, ani neformálne. Západná žena by sa nemala usilovať potriasť si rukou s indickým mužom. Indické ženy si s cudzinkami podávajú ruky, muži však nie.
- Indickí obchodníci môžu prejavovať uznanie či obdiv nadšeným potľapkávaním po chrbte – nezľaknite sa toho.
- Vezmite si so sebou dostatok firemných vizitiek – Indovia si ich rutinne vymieňajú.
- Kým si zapálite alebo stlačíte spúšť fotoaparátu, vždy požiadajte o dovolenie: fotografovanie môže byť chúlostivou

Indický subkontinent: Hlavnou formou pozdravu je *namaste*.

India: Pokyvkávanie hlavou zboka nabok vyjadruje úprimnosť.

témou v mnohých častiach sveta, ale o Indii to platí dvojnásobne.

▸ V chrámoch ani v mešitách sa nedotýkajte obrazov ani sôch.

▸ Prejavy náklonnosti na verejnosti sa nepovažujú za vhodné spoločenské správanie, a to ani medzi priateľmi.

▸ Na hlavu sa pozerá ako na posvätnú časť tela, preto nikomu nesiahajte na hlavu, ani dieťaťu.

▸ Jedinečným indickým gestom je chytiť niekoho za ušný lalôčik, čo je podľa kontextu buď výraz výčitiek alebo súcitu, podľa kontextu.

▸ Pokyvkávanie hlavou zboka nabok je ďalšie typicky indické gesto, ktoré vyjadruje úprimnosť.

Pakistan

▸ Táto krajina je islamská. Pri schôdzkach je zvykom podávať si ruky a priatelia rovnakého pohlavia sa môžu objímať. Niekedy môžete vidieť mužov na prechádzke, ako sa držia za ruky.

▸ Pozdrav pri stretnutí často dopĺňa pozvanie na kávu alebo čaj, čo by ste nemali odmietnuť, ale vždy prijať.

▸ Dávajte si pozor na zvyky spojené s pohlavím. Muž zo Západu by nemal podávať ruku pakistanskej žene, kým mu ju nepodá ona sama, no žena zo Západu smie podať ruku pakistanskému mužovi.

▸ Nefotografujte bez dovolenia pakistanské ženy.

Srí Lanka

▸ Podávanie ruky je bežné, práve tak ako *ayubowan*, čo je obmena *namaste*. Ženy si podávajú ruky s návštevníkmi oboch pohlaví zo Západu, ale muži zo Západu by pri zdravení nemali ženy objímať.

▸ Ľudia sa môžu namiesto slovného poďakovania usmiať, ale pamätajte na to, že na úsmev sa môže pozerať ako na flirt.

▸ Keď niekto odmieta sadnúť si s vami, netrvajte na tom, lebo tu existuje prísny kastový systém. Dotyčného človeka tým len uvediete do rozpakov.

▸ Budhove obrazy a sochy sú posvätné, nedotýkajte sa ich, ani sa o ne neopierajte.

Čína: Je zvykom držať misky veľmi blízko pri tvári.

Bangladéš

▸ Asi 85 percent Bangladéšanov sú moslimi, takže vás budú vítať pozdravom *salaam.* Približne 12 percent obyvateľstva sú hinduisti a používajú *namaste.*

▸ Tak ako všade v islamskom svete, mali by ste byť vnímaví voči rozdielom medzi pohlaviami. Tunajší muži si podávajú ruky s mužmi zo Západu, ženám však len kývnu hlavou.

▸ Pred vstupom do mešity by ste si mali vyzuť topánky, a ak si ostatní ľudia omývajú nohy, mali by ste to urobiť tiež. Vyzuť by ste sa mali takisto predtým, než vojdete k niekomu domov.

▸ V Bangladéši nefotografujte ľudí bez jasného súhlasu udeleného vopred.

▸ Muži a ženy jedia často oddelene.

▸ Na toaletu alebo do umyvárne nechoďte počas jedla, iba pred ním alebo po ňom.

Čína a Ďaleký východ

Čína

▸ Západný spôsob podávania ruky sa stáva čoraz bežnejšou formou pozdravu, najmä v obchodnom styku, ale kývnutie alebo poklona sú tiež v poriadku.

▸ Hostí Číňanom predstavujú v poradí podľa služobného postavenia hostiteľov.

▸ Potom pravdepodobne dôjde k výmene vizitiek. V ideálnom prípade by vizitky mali byť vo vašom jazyku a v čínštine. Vizitky odovzdávajte oboma rukami, lebo tento spôsob vyjadruje viac úcty.

▸ Potom si všetci sadnú a podáva sa čínsky čaj, zvyčajne v čajovej šálke s viečkom, pričom čajové lístky plávajú na hladine. Odfúknite ľahko lístky na druhú stranu šálky, alebo ich odhrňte viečkom.

▸ Číňania sa navzájom príliš nedotýkajú, stoja však pri sebe bližšie než ľudia na Západe. Mladí Číňania dnes ukazujú na verejnosti svoje city viac než kedysi.

▸ Číňania radi tlieskajú, a to dokonca aj namiesto pozdravu. Mali by ste odpovedať takisto zatlieskaním.

▸ Číňania neradi hovoria „Nie“ a je možné, že potichu potrasú hlavou, keď sa im nebude páčiť, čo hovoríte.

▸ V mestách nedochádza na verejnosti k veľkému kontaktu očí, aj keď v menších obciach by sa mohlo stať, že Číňan na vás uprie zrak.

▸ Mlčanie je cnosť, výraz slušnosti, zdvorilosti a očakávania. Pri rozhovore sa snažte neskákať do reči.

▸ Misky s jedlom sa držia pod bradou. S jedlom počkajte, kým hostiteľ nezdvihne svoje paličky. Číňania si môžu otierať paličky, aby odstránili prípadné triesky, bolo by však nezdvorilé, keby to urobil návštevník. Naznačil by tak, že mu hostiteľ mohol dať zlé paličky.

▸ Aj odmietnutie jedla sa považuje za nezdvorilosť.

▸ K čínskej etikete patrí odmietnuť darčeky dvakrát alebo trikrát, až potom ich prijať, a to dokonca aj vtedy, keď ich chcete.

Indonézia

▸ Indonézia sa skladá zo 17 000 ostrovov. Obyvateľov tvorí asi 300 etnických skupín, takže v celej krajine sa vyskytujú značné rozdiely v gestách a správaní. V mestách však platí niekoľko základných pravidiel, a to najmä pri obchodných stretnutiach.

▸ Pri príchode, odchode alebo pri gratuláciách majú obe pohlavia vo zvyku podať si ruku a zľahka prikývnuť. Okrem toho sa muži na verejnosti žien nedotýkajú. Keď chcete niekoho osloviť, vždy by ste mali použiť jeho titul.

▸ Na západe Jávy sa používa thajský pozdrav, s dlaňami pri sebe, špičkami prstov smerujúcimi k brade a s prikývnutím.

▸ Indonézania neradi ukazujú svoje pocity, najmä negatívne. Nechcú sklamať druhých, preto sa na verejnosti vyhýbajú nesúhlasu a usmievajú sa, aby zakryli stres, pohoršenie, hnev alebo rozpaky. Mali by ste sa vyvarovať toho, aby ste dávali najavo príliš veľkú vďačnosť alebo výbuchy hnevu.

Japonsko: V Japonsku sa držia misky na jedenie pomerne nízko.

Medzinárodná etiketa

▸ Podrážka topánky je tabu, pravá ruka sa používa oveľa viac než „nečistá“ ľavá ruka. Ukazovanie prstom je veľmi nevychované a neodporúča sa dotýkať sa niekoho hlavy.

▸ Pri jedle nechávajte malé zvyšky. Čistý tanier znamená, že chcete ešte pridať.

Hong Kong

▸ Najbežnejším pozdravom je konvenčné podanie ruky. Číňania nemajú radi blízke kontakty, no muži sa pri prechádzkach môžu držať za ruky. Aj stáť môžu v porovnaní so západnými normami pomerne blízko pri sebe.

▸ Príliš nežmurkajte, lebo tu si to môžu vysvetľovať ako prejav nudy alebo nedostatku záujmu.

▸ Pri jedle sa občas miešajú čínske zvyky so západnými. Paličky sa môžu napríklad používať pri rôznych jedlách alebo chodoch v kombinácii s nožom a vidličkou.

▸ Pri rokovaní sa môže podávať čaj. Ak sa hostiteľ dlho nedotkne svojho čaju, môže tým naznačovať, že považuje rokovanie za skončené.

Japonsko a Južná Kórea: Výmena firemných vizitiek je dôležitým obchodným rituálom.

Japonsko

▸ Tradičným pozdravom v Japonsku je samozrejme poklona. Pomerne rozšírené je aj podanie ruky, ale s miernejším stiskom. Väčšina Japoncov považuje priamy kontakt očí za zastrašovanie.

▸ Otvorené preukazovanie emócií nie je vítané. Aj tie najjemnejšie gestá majú svoj význam, preto si dávajte pozor a obmedzte gestá svojich dlaní a paží.

▸ Etiketa firemných vizitiek je vari ešte dôležitejšia než kdekoľvek inde na svete *(pozri s. 26)*.

▸ Kľúčový význam má pozorné počúvanie a neskákanie do reči. Nikdy nezvyšujte hlas, ani sa „nederte do popredia". Japonci neradi hovoria „Nie", a preto si uvedomte, že prikývnutím nemusia nevyhnutne signalizovať súhlas.

▸ Keď je niekto nachladnutý, je bežné, že si nasadí na tvár biele rúško z gázy.

▸ Japonská etiketa s jedálnymi paličkami sa veľmi ponáša na čínsku. Hlavný rozdiel je v tom, že Japonci držia misky nižšie. Misky, ktoré ležia naľavo, by ste mali brať pravou rukou a naopak.

▸ Bežný japonský prípitok je *„Kan-pai"* (Do dna).

▸ Keď vstupujete k niekomu do bytu alebo do reštaurácie, vyzujte si topánky.

Južná Kórea

▸ Tradičnou formou pozdravu je poklona, ktorá sa môže pri zdravení návštevy zo Západu kombinovať s podaním ruky. Ženy si nepodávajú ruky, len kývnu hlavou.

▸ Je dôležité prejavovať úctu vyššie spoločensky postaveným osobám a starším ľuďom. Služobne staršia osoba ponúka ruku ako prvá, mladšia osoba sa prvá pokloní.

▸ Kórejci sa učia, že sa majú vyhýbať kontaktu očí, a na mladíka, ktorý vyhľadáva kontakt očí so starším človekom, sa pozerá ako na niekoho, kto otvorene provokuje.

▸ Tak ako v Japonsku si dôkladne prečítajte firemné vizitky a majte ich poruke.

▸ Ak chodíte ľuďom tesne za chrbtom, považujú to za neslušné, preto sa tomu usilujte vyhnúť.

▸ Kórejci sa vyhýbajú vysloviť „Nie" tak, že zaklonia hlavu a nasávajú vzduch.

▸ Smiech sa používa na zakrytie najrôznejších emócií.

▸ Za prejav neúcty sa považuje, ak si sami nalejete nápoj – to má robiť hostiteľ – alebo otvárať darčeky hneď ako ich dostanete.

Malajzia

▸ V Malajzii žijú Malajci (moslimi), Číňania a Indovia.

Medzinárodná etiketa

▸ Univerzálne sa uznáva podávanie ruky. V rámci čínskej populácie si muži a ženy podávajú navzájom ruky, ale nepodávajú si ich ani s Indmi ani s Malajcami.

▸ Malajci sa tiež zdravia pozdravom *salaam*, ich pozdrav sa však mierne líši od arabskej verzie: Dajú ruky od seba, špičky prstov držia spojené a potom si položia ruky na hruď. Indovia sa zdravia pozdravom *namaste*.

▸ Obyvatelia sa delia aj podľa náboženských a kultúrnych zvykov. Pre Malajcov a Indov je posvätná hlava a nikto by sa jej nemal dotýkať.

▸ Pred vstupom do malajských mešít a domovov by ste si mali vyzuť topánky a nechať ich tam, kde ich nechávajú ostatní.

▸ Nestúpajte na modliace koberčeky ani sa ich nedotýkajte chodidlami.

▸ V tejto časti sveta potriasajú Indovia hlavami na znak súhlasu.

Filipíny

▸ Na Filipínach sú už dlho Američania, preto sú tu dôverne známe západné gestá. Podanie ruky je normou pre mužov, ženy aj deti. Neformálnym pozdravom je aj rýchle zdvihnutie obočia.

▸ Na verejnosti sa môžu držať za ruky dve ženy, ale muži nie.

▸ Medzi tabu patrí na Filipínach upretý pohľad na niekoho, hlasný hovor a u žien fajčenie na verejnosti.

▸ Smiech slúži na zakrytie iných emócií, ako je napríklad hnev či rozpaky.

▸ Keď jete, nechajte na tanieri vždy trochu jedla, aby ste naznačili, že vám ho dal hostiteľ dosť. Prázdny tanier znamená, že by ste ešte chceli.

▸ Ak chcú Filipínci niečo ukázať, nerobia to rukami, čo sa považuje za nevychovanosť, ale očami, niekedy dokonca našpúlenými perami.

Thajsko

▸ Thajský pozdrav sa nazýva *wai*: ruky sú zopnuté ako pri modlitbe a hlava sklonená v miernej poklone, čo sa veľmi podobá indickému pozdravu *namaste*.

▸ *Wai* sa môže používať ako pozdrav pri stretnutí, lúčení, na vyjadrenie vďačnosti a ospravedlnenia. Čím sú dlane vyššie, tým je pozdrav úctivejší, ale končeky prstov by nemali byť vyššie než tvár.

▸ Keď vstupujete k niekomu domov, vyzujte si topánky, hoci sa niektorí miestni obyvatelia prispôsobujú Západu a ochotne by vás nechali aj obutých.

▸ Nestúpajte na prah dverí, lebo Thajčania veria, že tam sídli domáci bôžik.

▸ Hlava je posvätná, takže sa jej nedotýkajte, zatiaľ čo chodidlá sú opovrhnutiahodné, preto ich neukazujte, ani ich na nikoho nevystrkujte. To isté platí o podrážkach.

▸ Potľapkanie po chrbte alebo po pleciach je urážlivé.

▸ Dvaja muži sa pri chôdzi môžu držať za ruky, ale ináč sa city nevystavujú na verejnosti.

▸ Thajčania majú vyslovený odpor k hlučnému, búrlivému alebo agresívnemu správaniu. Pri rokovaní nehovorte zvýšeným hlasom a nikdy nedávajte najavo zlosť.

Thajsko: Pozdrav *wai* sa veľmi podobá indickému *namaste*.

▸ Obyvatelia Latinskej Ameriky majú radi dotyky a prejavy srdečnosti. Zdravia sa srdečným podaním ruky, často aj oboch. Pre priateľov je vyhradený pozdrav *abrazo* (objatie). Ženy sa môžu navzájom pobozkať na líce.

▸ Veľmi dôležitý je kontakt očí. Thajčania stoja bližšie pri sebe než Európania alebo obyvatelia Severnej Ameriky.

▸ Medzi všeobecne používané gestá patrí poťahovanie kútika oka jedným prstom dole, čo znamená: „Daj si pozor". Výrazom pre „lacný" je poťukávanie po lakti. Cvrnkanie chrbtom prstov zospodu do brady znamená „Ja neviem".

Tahiti

▸ Pozorne si podajte ruku so všetkými prítomnými. Môžete sa stretnúť s ľuďmi, ktorí sa vzájomne bozkávajú na obe líca – je to pamiatka na francúzsku okupáciu.

Singapur

▸ Obyvateľstvo tvoria Číňania, moslimi a Indovia.

▸ Na zvykoch je zrejmý britský vplyv, lebo Singapur bol kedysi súčasťou britského impéria. Štandardným pozdravom je podanie ruky, ktoré Ázijčania môžu kombinovať s ľahkou poklonou.

- Pri podávaní ruky robia prvý pohyb ženy.
- Nedotýkajte sa nikoho temena hlavy, ničoho sa nedotýkajte chodidlami, s ničím nehýbte.
- Starí ľudia sú vo veľkej úcte: keď vstúpi starý človek do miestnosti, ostatní obyčajne vstanú a na verejných miestach ho pustia sadnúť si.
- Singapur je veľmi čistá krajina, existujú tu prísne miestne tresty – typické sú vysoké pokuty – za odhadzovanie odpadkov na zem, a to dokonca aj cigaretových ohorkov.

Samoa

- Pozdravy sú formálne a preslovy trocha kvetnaté. Medzi samojské zvláštnosti patrí výrečnosť.
- Keď prídete k niekomu na návštevu domov, počkajte, kým pred vás hostiteľ položí koberček, a potom si vyzujte topánky. Seďte na koberčeku v tureckom sede. Rozhovory sa vedú obyčajne až potom, keď sa ľudia usadia. Dbajte, aby ste na nikoho neobracali chodidlá.
- Samojský národný nápoj sa nazýva *kava*. K tradícii patrí odliať pred pitím niekoľko kvapiek.

Taiwan

- Zvyčajným pozdravom je podanie ruky, prijateľné je však aj prikývnutie (so sklopenými očami).
- Tak ako v iných ázijských krajinách sú aj na Taiwane vo vážnosti firemné vizitky, ktoré by ste si mali starostlivo prečítať a mať ich stále poruke.
- K starším ľuďom sa všetci správajú veľmi úctivo.
- „Nie“ tu dávajú najavo tak, že držia ruku na úrovni tváre, dlaňou von a pohybujú ňou dopredu a dozadu.
- Pri prípitku sa hovorí *„kan-pei“*.
- Pri odovzdávaní a prijímaní darčekov používajte obe ruky.

Brazília: Toto gesto v Brazílii znamená: „Čo očakávate?“

Stredná a Južná Amerika

Bolívia

- Od žien sa očakáva, že sa budú obliekať skromne. Nohavice by mali byť voľné a sukne by mali siahať po kolená alebo poniže kolien.
- Na čas a jeho dodržiavanie sa v Bolívii nepozerá ako na niečo dôležité.
- V Bolívii sa nič neje rukami, dokonca ani ovocie, ktoré sa konzumuje pomocou zvláštnej vidličky.

Argentína

- Ženy zvyčajne neprehovoria s cudzími ľuďmi, kým ich nepredstavia.
- Argentínci majú radi presvedčivé gestá a vzájomne sa zdravia bozkom na líce.
- Gestá sú dôležité. Prechádzanie končekmi prstov jednej ruky smerom von pod čeľusťou a bradou, pričom dlaň je obrátená ku krku, znamená: „Neviem, nestarám sa o to, kto to vie?" Keď niekto spojí končeky prstov jednej ruky a ukáže nimi mierne hore a potom niekoľkokrát pohne rukou hore a dole, znamená to: „Čo očakávate?"
- Správny prípitok je „*Salud*" (Nazdravie).
- Významným obradom je pitie *mate* čiže paraguajského čaju. Ak vám ho niekto ponúkne, nikdy neodmietnite.

Brazília

- V Brazílii sa hovorí po portugalsky. Objatiu sa hovorí *abraáo* a prípitok je „*saude*".
- Na schôdzkach sa vždy vymieňajú firemné vizitky.
- Brazílčan si môže na znak úcty či obdivu tisnúť ušný lalôčik.
- Keď niekto zovrie ruku do päste s palcom medzi ukazovákom a prostredníkom, pričom palec mieri hore, znamená to v Brazílii „veľa šťastia" (inde je to opovrhujúce gesto, drzosť), zatiaľ čo búchanie päsťou do dlane v tvare misky je vulgárne.
- Na zdôraznenie niečoho sa lúska prstami a pritom sa rýchlo pohybuje rukou smerom od seba a dolu.
- Dodržiavanie časových plánov nie je dôležité. Pre Brazílčanov je normálne prísť na schôdzku hoci aj s hodinovým oneskorením.

Kostarika

- Zdravenie je veľmi dôležité. Pri príchode aj odchode si muži podávajú ruky, zatiaľ čo ženy sa navzájom pobozkajú na líce, i keď v obchodnom styku si môžu iba podať ruku.

▸ Obchodné záležitosti sa vybavujú veľmi formálnym spôsobom, zúčastnení majú po celý čas oblečené sako a nedochádza k nijakým objatiam. Na obchodných schôdzkach sa rutinne vymieňajú firemné vizitky, ktoré by mali byť v angličtine a v španielčine.

▸ Vzhľad a prvé dojmy sú tu veľmi dôležité: obliekajte sa konzervatívne a buďte ochotní a priateľskí.

Čile

▸ Zdvihnutá dlaň s roztiahnutými prstami znamená „hlúposť".

▸ Nikdy nejedzte rukami.

Guatemala, Belize a Yucatan

▸ Pozdravy sú srdečné a zahŕňajú veľa kontaktov očí. Ak chcete gestom vyjadriť „Dovidenia", zdvihnite ruku dlaňou k sebe a kývajte prstami k sebe a od seba.

▸ V Latinskej Amerike je dôležitá zdvorilosť. Ak hovoríte s niekým v oblasti, kde sa hovorí po španielsky, začínajte rozhovor slovami *„Buenos dias"* alebo *„Buenas tardes"* a usmievajte sa.

▸ Pri vstupe do miestnosti je zdvorilé povedať *„Buenos dias"* (Dobrý deň) ako pozdrav všetkým v miestnosti.

Spojené štáty americké: Za žmurknutím jedným okom sa skrýva mnoho rôznych významov.

▸ Pri odchode z reštaurácie poprajte ostatným hosťom *„Buen provecho".*

Honduras

▸ Pokývanie ukazovákom dopredu a dozadu vo výške brady je honduraské gesto znamenajúce „Nie".

▸ Pri nákupoch sa očakávajú jednačky.

Mexiko

▸ Mexičania majú veľmi radi dotyky. Muži nechávajú ženy, aby podávali ruku ako prvé. Pri ďalších stretnutiach sa môžu známi objímať *(abrazo)* a potľapkávať po pleciach. V niektorých oblastiach zdvihnú Mexičania po podaní ruky paže hore a chytia sa navzájom za palce. Podanie ruky sa môže predlžovať tak, že sa muži dotýkajú navzájom predlaktia alebo si oprašujú a uhládzajú chlopne.

- Jednanie sa očakáva na trhoch a v malých obchodoch, ale nie vo veľkých obchodných domoch.
- Tradičné rodinné väzby sú veľmi silné a pozvanie domov do rodiny je veľká česť.
- Najmä ženy by sa mali obliekať skromne a všetci by mali byť slušne oblečení, keď idú do kostola.

Severná Amerika

Kanada

- Štandardné je pevné podanie ruky s priamym kontaktom očí. Kanaďania majú sklon k pomernej rezervovanosti a príliš negestikulujú. Vo všeobecnosti nemajú veľmi v láske dotyky, vari okrem niektorých prípadov rozpačitého potľapkania po chrbte.
- V provincii Quebec sa hovorí po francúzsky a dodržiava sa tam veľa francúzskych zvykov.

Spojené štáty americké

- Normou je pevné podanie ruky a dôverný kontakt očí. Muži majú sklon pozerať sa na láskyplné maznanie ako na urážku mužnosti a dokonca ani ženy sa nemaznajú a neobjímajú toľko ako v Európe, s výnimkou uzavretých skupín obyvateľstva, ktoré si priniesli zvyky zo svojej krajiny pôvodu.
- Pokrok v rovnoprávnosti pohlaví na pracovisku a v iných oblastiach života znamená, že v Spojených štátoch by sa na gavalierske gestá úcty k ženám, aké sa ešte stále dávajú nevinne najavo v Európe, často mohlo pozerať ako na niečo nesprávne.
- Odmlka v rozhovore môže v Američanoch vyvolať mimoriadne nepríjemné pocity.
- Hvízdanie nie je prejavom posmechu, ako je to v Európe. Naopak, sprevádza potlesk.
- Návštevníci si môžu všimnúť, že v USA je zakorenené pomerne časté žmurkanie či prižmurovanie očí. Má rôzne významy, napríklad priateľstvo, flirtovanie alebo „Žartujem".
- Pri akejkoľvek obchodnej alebo spoločenskej príležitosti buďte vždy dochvíľny a vhodne sa oblečte. Na neskorý príchod a nedbanlivosť sa pozerá ako na nedostatok úcty.
- Keď sa vás niekto spýta: *„How are you?"* (Ako sa máte?), odpovedzte: *„Very well"* alebo *„Fine, thanks"* (Ďakujem, dobre).
- Nikdy nefajčite, iba ak je fajčenie výslovne dovolené. V mnohých štátoch zákon zakazuje fajčiť kdekoľvek na verejnosti, dostali by ste prinajmenšom pokutu.

Pozitívna reč tela

Usmievajte sa očami

pozri s. 33

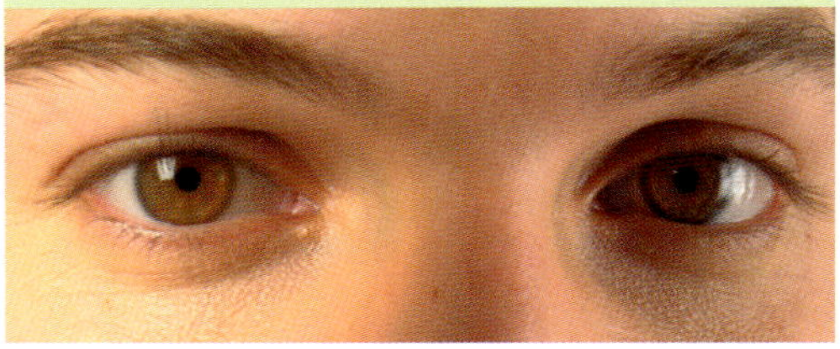

Úprimné podanie ruky

pozri s. 39

Stíšte hlas, upravte jeho farbu
a používajte gestá s otvorenými dlaňami ako prejav čestných úmyslov *pozri s. 57*

Vhodné nasmerovanie tela a špičiek nôh *pozri s. 120*

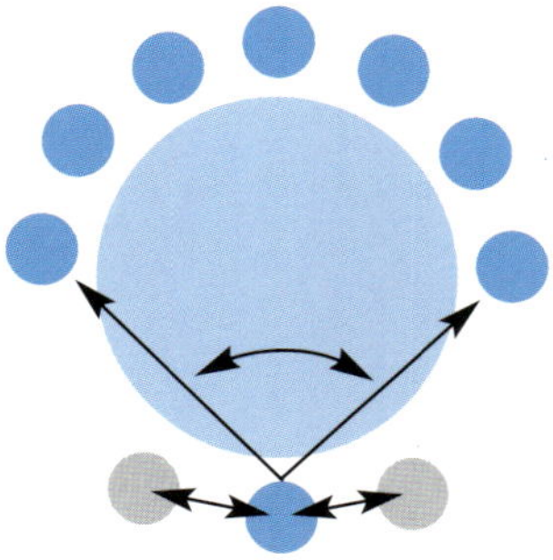

Obchodný pohľad

pozri s. 90

Pri oslovovaní skupín

alebo publika používajte metódu majáka

pozri s. 59

Pozitívne držanie tela pri sedení

pozri s. 125

Dodržiavajte primeranú služobnú zónu

pozri s. 18

„Poznám toto miesto“ radšej než „Vlastním toto miesto“

pozri s. 99

Negatívna reč tela

Telo je mierne odchýlené od poslucháčov
pozri s. 56

Vykračuje pyšne ako páv a ďalšie príliš dominantné gestá
pozri s. 95

Ruka sa približuje k tvári
pozri s. 108

Príliš dlhý upretý pohľad od očí pri klamaní
pozri s. 110

Upretý pohľad dole
pozri s. 89

Stisky ruky, pri ktorých praskajú kosti
pozri s. 89

Ruky spojené prstami do špičky
pozri s. 88

Nakláňanie sa dozadu na operadlo stoličky a záklon hlavy
pozri s. 29

Register

Register